2019年重庆市社科规划特别委托重大项目
重庆市北碚区、西南大学校地合作重大项目
重庆市北碚区重大文化精品工程

北碚文化丛书

教育北碚

刘义兵 ◎ 主 编

西南大学出版社
国家一级出版社 全国百佳图书出版单位

图书在版编目(CIP)数据

教育北碚/刘义兵主编. -- 重庆:西南大学出版社, 2024.6
(北碚文化丛书)
ISBN 978-7-5697-2100-3

Ⅰ.①教… Ⅱ.①刘… Ⅲ.①地方教育—教育史—北碚区 Ⅳ.①G527.719.3

中国国家版本馆CIP数据核字(2023)第234695号

教育北碚
JIAOYU BEIBEI

主　编 刘义兵

选题策划 | 蒋登科　秦　俭　张　昊
责任编辑 | 张　昊
责任校对 | 曹园妹
装帧设计 | 闳江文化
排　　版 | 杜霖森
出版发行 | 西南大学出版社(原西南师范大学出版社)
　　　　　 地址:重庆市北碚区天生路2号
　　　　　 邮编:400715
　　　　　 电话:023-68868624
印　　刷 | 重庆市正前方彩色印刷有限公司
成品尺寸 | 145 mm×210 mm
印　　张 | 5.5
字　　数 | 126千字
版　　次 | 2024年6月 第1版
印　　次 | 2024年6月 第2次印刷
书　　号 | ISBN 978-7-5697-2100-3
定　　价 | 58.00元(平装)

"北碚文化丛书"编委会成员

（以姓氏笔画为序）

顾　　问

卢晓钟　吕　进　杨清明　周　勇　黄蓉生　曹廷华

主任委员

刘　永　江绪容　杨　辉　潘　洵

委　　员

王牧华　张汝国　陈福厚　周洪玲　徐　玲

总序

周　勇[①]

习近平总书记在新时代文化建设方面提出了一系列新思想新观点新论断，丰富和发展了马克思主义文化理论，构成了习近平新时代中国特色社会主义思想的文化篇，形成了习近平文化思想。习近平总书记还多次对传承和弘扬重庆历史文化作出重要论述，提出明确要求，寄予殷切期望。

重庆是一座具有悠久历史、灿烂文化、优秀人文精神和光荣革命传统，人文荟萃、底蕴厚重的历史文化名城。在江峡相拥的山水之间，大山的脉动与大江的潮涌相互激荡，自然的壮美与创造的瑰丽交相辉映，城镇的繁华与乡村的宁静相得益彰，展现出江山之城的恢宏气势，绽放出美美与共的璀璨风采。

在3000多年的发展史上，重庆出现过多层次、多领域、多形态的文化现象，其中居于主体地位的是巴渝文化、革命

[①] 周勇，中国抗日战争史学会副会长、中国城市史研究会副会长、重庆史研究会会长、教授、博士生导师。

文化、三峡文化、抗战文化、统战文化、移民文化。它们是居于重庆历史和文化顶层,最具代表性和符号意义的文化元素,由此构成了独具特色的重庆历史文化体系。其中,巴渝文化、革命文化彼此相连,贯通始终,传承演化,共同构成今日重庆历史文化体系的学理基石,也是形成今日重庆人文精神以及重庆人、重庆城性格特征的文化基因。三峡文化、移民文化、抗战文化、统战文化,是在不同历史时期和历史环境中,于重庆大地上产生的特色文化。在漫漫历史长河的不同阶段中,发挥着独特的作用,至今仍是重庆历史文化中极具特色的因素,发挥着核心竞争力的作用。

北碚,地处缙云山麓、嘉陵江畔,是一个产生过凤凰涅槃般传奇的地方。

100多年前,北碚还只是一个山川美丽,但匪患肆虐的小乡场。到80多年前的全面抗战时期,北碚已发展成为一座享誉中国的美丽小城。新中国成立后,北碚发生了翻天覆地的变化。如今的北碚,已经是重庆主城都市区的中心城区之一。北碚的百年发展史展现出极具时代特征的突变性、内涵式发展的特质。北碚素来生态环境优良、人民安居乐业、科学教育发达、创新活力迸发、产业发展兴盛、工业基础雄厚,尤以历史渊源悠久、文化底蕴深厚而著称。这在重庆历史文化体系中具有综合性、典型性、代表性。

近年来,在中共重庆市委的领导下,全市上下认真落实党中央部署要求,加快推进文化强市建设,开创了文化繁荣发展新局面。面对新时代、新征程的新使命和新要求,市委作出了奋力谱写新时代文化强市建设新篇章,为现代化新重庆建设注入强大精神力量的重大部署;特别强调"要大力传承弘扬中华优秀传统文化,深化历史文化研究,加强文化遗产保护,抓好优秀传统文化传承,推动巴渝文化、三峡文化、抗战文化、革命文化、统战文化、移民文化等创造性转化、创新性发展"。

在建设重庆文化强市的赛马比拼中,北碚人用满满的文化自觉与文化自信,以历史的眼光重新审视北碚,以文化的视野宏观鸟瞰北碚,以艺术的手段通俗表现北碚,从史话、名人、抗战、乡建、教育、科技、诗文、书画、民俗、景观十个方面,全面而系统地梳理了北碚的文化和历史,构成了图文并茂、鲜活生动的北碚文化长卷。这部十卷本的"北碚文化丛书",就是北碚人书写北碚传奇的代表作,更是向时代和人民交出的一份厚重的文化答卷。

"北碚文化丛书"具有广泛的包容性。它涵盖了历史沿革、文化遗产、民俗风情、民间艺术、人文景观、贤达名流、文学艺术、教育科技等方方面面,既有地域文化的基本要素,更彰显了北碚在抗战、乡建、教育、科技等方面在中国近代历史上的突出特色。

"北碚文化丛书"以学术研究为依托,史料基础可靠,学术名家参与,表达通俗易懂,集系统性、知识性、可读性于一体,有存史资政的收藏价值和指导旅游观光的实用价值。

"北碚文化丛书"是校地合作的有益尝试,既是对北碚地方文化的一次学术性清理,在史料整理、学术研究方面展现出全面、系统的特征,也为基层地域科学地挖掘整理在地文化积累了可资借鉴的经验。

这些年来,我着力于重庆历史文化体系的研究,组织编撰了十二卷本的"重庆人文丛书",力图勾画出"长嘉汇"源远流长,"三峡魂"雄阔壮美,"武陵风"绚丽多彩,人文荟萃、底蕴厚重的重庆历史文化名城的文化新形象。这套十卷本的"北碚文化丛书",是继"重庆人文丛书"之后,重庆市域内出版的第一部区县文化丛书。我相信,这部饱含着浓浓乡情,充满了城市记忆,洋溢着北碚味道的文字和画面的丛书,将使北碚的历史文化得以活在当下,让北碚的历史文脉传承延续,绵绵不绝。

同时我也希望各区县都能像北碚这样虔诚地敬畏自己的历史文化,努力地整理自己的历史文化,用皇皇巨著来传承自己的历史文化,尤其是从市委提出的重庆文化新体系中找准自己的文化新定位,让生动鲜活、丰富多彩、千姿百态的区域文化,共同汇聚成彰显重庆文化新体系的百花园,建设具有中国气象,巴渝特色,万紫千红的山清水秀、美丽之地。

是为丛书总序。

编者自序

盛世修志，志载盛世，垂鉴未来。有关近百年来北碚教育发展的公开出版物已有不少，尤其是介绍北碚各类教育机构历史发展的图书已有多种，因此《教育北碚》主要通过史话编写的方式，勾勒自清末民初百余年来北碚辖区内发生的重大教育史实及其阶段性发展特征。

北碚，清乾隆、同治《巴县志》统一记载"白碚"地名。因有巨石曲折伸入嘉陵江心数百米曰"碚"，又因此地位于古渝州之北，清乾隆年间，此白碚镇改名为北碚镇。北碚地处川东平行岭谷地带，土地覆盖状况较优，又位于嘉陵江畔，水陆交通便捷，环境宜人。此地从商周巴国腹地到南朝东阳置郡，再到清乾隆年间设白碚镇隶属巴县，其间经过唐宋繁盛、明清大规模移民，其文化教育发展历史悠久。清末民初，社会变革，北碚教育随之发生重大转型。从20世纪30年代开始，卢作孚及其志同道合者，怀揣教育与实业救国理想，倾情倾力开展全方位乡村建设运动，尤其是通过本土化、大众化的教育改革实践活动,助推北碚成为远近知名的乡村建设模范场镇。日本侵华,国难深重,重庆作为战时陪都,时有"三千名流汇北碚"的说法,二十余所大专院校迁至北碚,各类教育机构于困境中艰难办学,延续中华文化教育血脉,感人至深的重大教育救亡图存事迹颇多,影响深远。1949年中华人民共和国成立,开启中国共产党领导的教育里程碑式发展新纪元,北碚各级各类教育迎来脱胎换骨般新生。党的十一届三中全会后,北碚各级各类教育在探索综合改革方面发挥示范引领作用。特别是党的十八大以来,北碚教育进入全面深化改革发展的新时代,以人民为中心的优质均衡教育发展取得了新成就。在党的二十大精神引领下的北碚教育,更是为北碚教育在新的历史方位和百年征程路上踔厉前行指明了教育强国现代化发展新方向。

本书按照中共北碚区委的编写要求,由主编提出编写思路、编写体例与提纲,并多次征求北碚区主管部门以及相关专家的编写意见和建议,最后形成了目前的编写体例。

具体承担本书编写工作的同志是:陈雪儿、罗潇、李月、屠明将、段伟丽、王汉江、汪万茹、朱胜晖、吴桐、杨登伟、郑绍红、刘义兵。在编写过程中,本书主编带领编写者对部分教育机构进行了实地考察并对相关当事人进行访谈,组织进行了若干次研讨,并对全书进行了最终统稿和修改。

本书编写过程中,北碚区档案馆、北碚区地方志编纂中心、北碚区教委、北碚区社科联、北碚区党史研究室、北碚区图书馆、西南大学相关职能部门、北碚区属各级教育机构及学校等单位,提供了多方面的帮助。同时,本书编者还参考了许多有关北碚教育的珍贵史料、公开或非公开的各类出版物,采访过不少的相关单位、学校机构及其当事人,均通过页下注的方式做了交代。当然,还包括为本书精心编辑付出辛勤劳动的西南大学出版社的编辑同志们。编写者在此向上述单位的领导和其他相关专家学者,表达深深的敬意和衷心的谢忱。

众所周知,北碚教育在中国近现代教育发展史上占有重要一席之地,中华人民共和国成立后的北碚教育成就辉煌,进入新时代的北碚教育更是在许多方面成为高质量创新发展的示范引领。但是,限于体例和篇幅,更限于编者的水平能力,目前呈现在读者面前的《教育北碚》只是提供了百余年来北碚教育的一个粗糙的画像,其中难免有挂一漏万,或者表达不够全面精准之处。"始生之物,其形必丑。"编者诚盼各位读者、专家不吝赐教,提出宝贵意见,以便后续再版时予以更正、修改。

2023年6月19日

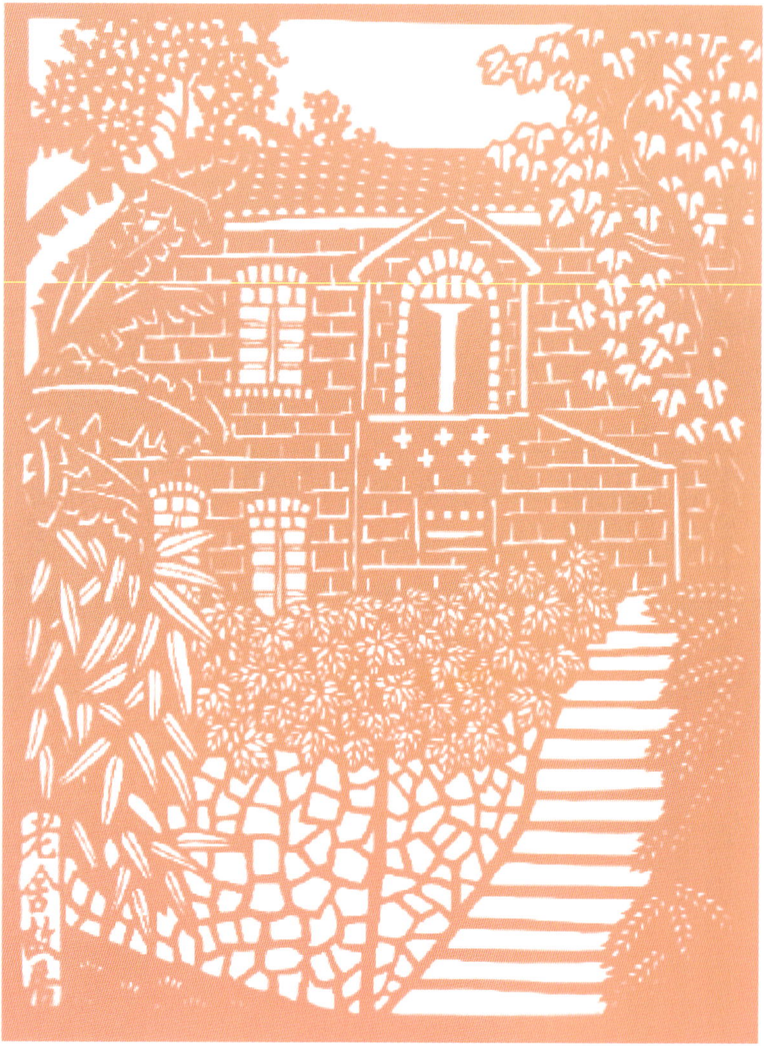

目录

总序 ……001

编者自序 ……001

第一章　清末民初北碚教育发展沿革 ……001

第二章　二十世纪三十年代卢作孚开创北碚乡村建设实验 ……009

第三章　抗战期间二十余所大中专院校在北碚 ……027

第四章　抗战期间著名教育家在北碚的教育实践活动 ……047

第五章　二十世纪三四十年代声名远扬的北碚民众教育 ……061

第六章 中华人民共和国成立至改革开放前北碚教育的新生……075

第七章 改革开放后北碚教育迎来春天……105

第八章 北碚教育迈入全面建设中国特色社会主义新时代……123

第一章 清末民初北碚教育发展沿革

民国前的北碚初等教育,主要通过散落于民间的私塾来完成。清同治年间,时任巴县知县黄朴在北碚建立的朝阳书院,是当时北碚规模较大、影响较广的初等教育机构。民国初期北碚最有影响的普通中等教育机构,当数卢作孚先生1930年创办的私立兼善中学。该中学是民国成立以来北碚第一所新式中等学校。北碚高等教育的种子萌芽于1906年创办的川东师范学堂。卢作孚在北碚开展的乡建运动,强调当时的"中心运动是民众教育",将民国时期的北碚民众成人教育推向了高峰。在时代变迁发展中,北碚各级各类教育体现出发展的时代烙印与独特性。

一、清末时期北碚的知名私塾

清末,北碚有史料可考且影响较大的私塾系由当地贡生罗骅亭于光绪六年(1880)主持的逊敏书院改建而成。其前身为清嘉庆二十二年(1817)士绅行帮利用云山寺庙产创办的培英义学,为官倡民办的免费学校。

逊敏书院

中国古代乃至近代的启蒙与初等教育,几乎完全靠民间私塾承担。清末民初北碚的启蒙与初等教育,也沿袭这一传统。私塾承担启蒙与初等教育,儿童一般6至7岁入学,学习年限无定期。初学教材一般以《三字经》《百家姓》《千字文》为起始,继而学习"四书五经"等,兼学《声律启蒙》《幼学琼林》等杂书。

在教学方法上,先生完全采用讲解诵读式。讲课时,先生正襟危坐,学生依次把书放在先生的桌上,然后侍立一旁,恭听先生圈点口哼。先生讲毕,命学生复述。然后学生回到自己的座位上去朗读。凡先生规定朗读之书,学生须一律背诵,然后在适当的时候由先生逐句讲解。除读书背诵外,还有习字课,从先生扶手润字开始,再描红,再写映本,进而临帖。学童粗解字义后,则教以作对,为后续教育做准备。

二、民国初期的逊敏书院和朝阳书院

1.逊敏书院

逊敏书院是北碚最早的有史料可考的正规教育机构之一(书院旧址位于现重庆市北碚区复兴街道书院村)。该书院系由当地贡生罗骅亭于清光绪六年(1880)在原培英义学的基础上主持改建而成,命名为逊敏书院。光绪二十九年(1903)以后,随着废科举兴学校制度的实施,重庆江北厅按《奏定初等小学堂章程》规定,将逊敏书院改为逊敏小学堂。1915年后,"学堂"改名"学校"。民国前,教材以《三字经》

《百家姓》《千字文》等为主;民国后,始设国文、算术、历史等主要学科。

现逊敏书院内部

2.朝阳书院

清同治五年(1866),为教化一方民众,时任巴县知县黄朴奏请四川省府批准,将没收的张三同豪宅用于创办书院,命名为朝阳书院,属巴县教育部门管理。取名朝阳书院的缘由,巴县知县黄朴在向四川省府的奏折中明确阐述:"北碚一带三峡民情强悍,为正本清源,兴设学校以资教化,使士习端而民风正,一切暴戾顽梗恶习自必逐渐涤除,胥归敦厚所有……书院坐落地方俗名北碚,宜名朝阳,以取向化之意。""向化"即教化民众向善、向好。并且明确提出书院的培养目标:"读书立品,讲求实学,以图上进,以益身心。"书院地址在今北碚公园西侧,是北碚第一所公立学校。清光绪二十八年(1902),北碚朝阳书院改名为北碚朝阳初级学堂,仅有初小、中年级，开设修身、读经、中国文学、格致、史地、算术、体操等科目。1913年，北碚朝阳初级学堂更名为朝阳初级小学，1927年更名为朝阳小学，开始办高级部，即高年级一班。其间，开设修身、语文、算学、手工、图画、唱歌、体操、缝纫等科目，后添加科目"三民主义"（其中融合历史、地理、社会知识）。

朝阳书院旧貌

三、民国初期从学堂到小学的教育转型

清末"庚子之变"后，清廷实行新政，倡导"新学"。1901年9月，清廷颁布《兴学诏书》，诏令各省设立学堂："近日士子，或空疏无用，或浮薄不实，如欲革除此弊，自非敬教劝学，无由感发兴起。除京师已设大学堂，应行切实整顿外，着各省

所有书院,于省城均改设大学堂,各府及直隶州均改设中学堂,各州县均改设小学堂,并多设蒙养学堂。"

但由于清廷逐渐没落,这一改革未有效推行。加之新式学校数量偏少,许多有条件入学的少年儿童进不了官办小学堂,还得在传统的私塾里接受教育。因此,初等教育呈现官办小学堂和私塾并立的局面。清末,北碚初等教育的重心依然在私塾,而不在官办小学堂。

民国成立后,小学堂改称为小学校。民国成立之初,在初等教育办学体制上基本沿袭清末的地方政府分级负责制,但重心进一步下移。1912年9月,国民政府教育部公布新的小学法令,规定初等小学由城镇、乡设立之,如果财力不够,可以两乡合办;高等小学由县设立之,数量及位置由县行政长官规划,并得咨询县议事会之意见而定之。6岁至13岁为学龄期,儿童达学龄后,以最初学年之始为就学始期,以国民学校毕业之时为就学终期,父母及监护人有使之就学之义务。

在初等教育方面,课程设置开始注重传播近代科学知识,原来尊孔读经的课程有所弱化。国民政府教育部责令废除小学"读经"课,推行教育部编纂的教科书。1912年,南京临时政府颁布《小学校令》,制定初等小学校的科目为修身、国文、算术、手工、图画、唱歌、体操,女子加设缝纫。高等小学校科目为修身、国文、算术、本国历史、地理、理科、手工、图画、唱歌、体操,男子加设农业、女子加设缝纫。各地可以根据地方实际,将农业改为商业,也可以加设英语或其他外国语。

普及初等教育倡议下小学生上课场景

在民主思想的推动下,平民教育呼声强烈,国民义务教育受到重视。1916年,教育部为推行国民教育,将初等小学校改为国民学校(1922年推行壬戌新学制,国民学校又改称初等小学校)。1917年,第三届全国教育会联合会通过《请促进义务教育案》,次年10月又提出《推行义务教育案》,要求政府切实实施义务教育,制定了让学龄儿童接受4年初等义务教育的计划,各地依条件开始推行。

这一时期北碚规模较大的小学校有逊敏小学校、朝阳小学校和水土镇国民小学校。

1912年,水土镇创办了第一所国立新学堂——水土镇国民小学校,校址设于当地文庙,招收7岁以上男童入学,不考试。1931年水土镇国民小学校与于1914年开设在禹王庙的女学合并,设高级部和初级部,校址不变,仍在文庙和禹王庙,男女童开始合校。有学生约200名。

第二章 二十世纪三十年代卢作孚开创北碚乡村建设实验

二十世纪二十年代，北碚匪患严重，社会动荡，民智未开，严重阻碍了社会发展和变革。为改变北碚发展极为落后的状况，卢作孚婉拒就任四川省建设厅厅长的职位邀请，怀着"教育救国"的理想，于1927年到北碚接任江巴壁合特组峡防团务局（简称"三峡峡防团务局"）局长，开始了建设北碚的乡村建设运动。

卢作孚主持的北碚乡村建设运动涉及经济、文化、教育、科技、治安等多个方面，但是在卢作孚看来，"乡村第一重要的建设事业是教育"。卢作孚从二十世纪三十年代开始在北碚主持开展的大规模乡建运动首先体现为乡建教育运动。这一时期，卢作孚主张建立从小学到大学的现代教育体系，大力支持开办中小学校和民众学校，重视基础教育的普及、职业教育的推广和民众教育的开展，组建创办了中国西部科学院和私立兼善中学。

一、创建中国第一所民办科学院：中国西部科学院

1930年，卢作孚率考察团赴南京、上海和东北各处考察，在考察过程中他深刻认识到了科学技术在经济建设和抵抗外来欺侮中的重要性，以"研究实用科学，辅助中国西部经济文化事业发展"为宗旨，于1930年9月在北碚创办了中国西部科学院，院址初设在火焰山东岳庙（后于1934年迁往文星湾）。这是我国第一所民办科学院，也是北碚第一所科学技术研究机构，"比年以来，四川各界人士及军政当局、中外学者，鉴于吾国西部各省，物产丰富，幅员辽阔，不但为西南屏障，且与东北各省同等之价值，爰议设立研究机关于巴县北碚乡，定名为中国西部科学院，从事于科学之探讨，以开发宝藏，富裕民生"[1]。

中国西部科学院开启了北碚研究和引进现代应用科学

---

[1] 曾妍、王志民、袁佳红：《中国战时首都档案文献·战时科技》（上），西南师范大学出版社，2017，第451页。

技术的先河,为当时封闭落后的西部腹地,打开了一扇科教兴国之门。

中国西部科学院获得了当时川渝军政界、金融产业界的支持,更得到了在舆论和人力诸方面有较大影响力的蔡元培、翁文灏、任鸿隽、丁文江、秉农山、竺可桢等社会人士的支持。中国西部科学院实行董事会、行政会、院务会三级会议制度,董事长由时任二十一军军长的刘湘担任,副董事长由郭文钦担任,院长由卢作孚担任。

中国西部科学院惠宇楼旧址

1931年,北碚建立了第一所现代化的博物馆,短暂运营后并入中国西部科学院成为附设公共博物馆。博物馆里设有风物、盐井、煤层、农业园艺、工业等各种陈列室,各种标本、各地照片展览其中。1931—1932年,中国西部科学院又设理化、地质、生物和农林四个研究所,对西部各省的地质、矿产、动植物等各类自然资源进行调查分析与研究,为资源开发打下坚实的科研基础。

卢作孚认为,中国西部科学文化落后的症结在于学术人才匮乏,因此通过各种措施为中国西部科学院积极延揽知名学术研究人才。

1933年,中国科学社拟召开第十八次年会,卢作孚认为这是打开四川科学之门,促进四川科学发展千载难逢的时机,故致函中国科学社诚邀年会在北碚温泉公园召开,并多方动员南北各地社员先向南京和上海集中,而后由民生公司将中国科学社的社员接到北碚,以开展学术研究和科普工作。通过这次年会,不仅宣传了中国西部的科学事业发展情况,也加强了中国西部科学院与国内学术机构的联系及合作,吸引了全国众多科研力量的参与,还为中国西部科学院延揽了一批专门人才。部分人才先后在中国西部科学院担任要职,其中有先后出任理化研究所主任的化学家王以章、李乐元、徐崇林和研究员傅德辉等,担任农林研究所主任的农学家刘雨若、刘式民等,出任生物研究所昆虫部主任的德国人傅德利、动物部主任王希成、植物部主任俞季川、研究员曲仲湘等,还有地质研究所主任常庆隆、研究员李贤诚等。除此之外,卢作孚还聘请了四川大学、华西大学、北平研究院、中央地质研究所的一些著名学者。

1937年,抗日战争全面爆发后,中国西部科学院除了苦心经营科研事业外,还积极迎接南京、上海、北平(今北京)等地的科研机构内迁北碚,将中国西部科学院四个研究所的设备、仪器、图书、标本和药品等无偿提供给其使用,为内迁科研机构顺利恢复工作提供了许多帮助。抗战时期,中央历史博物馆、中央工业实验所、清华大学无线电研究所、中国科学社生物研究所、中央地质研究所等科研机构落户北碚,接踵而至的还有大批科学家,北碚遂成为当时颇有声誉的"战时中国科学中心",北碚小镇成为战时中国科技持续发展的重要基地,为中国的科技发展做出了重大贡献。

抗战时期落户北碚的中央地质调查所

尽管时局混乱,社会动荡,中国西部科学院在卢作孚先生的领导下依然顽强地发展着,在科学技术研究和民众科学教育方面取得了重大成果,产生了重大影响。在科学研究方面,理化研究所自成立到1938年底,采集分析了川康两省的各种矿物标本,判明了若干煤矿品质之优劣,开展了煤炭低温蒸馏提取石油代用品的试验和四川屏山、犍为两县油页岩蒸馏试验,出版了《四川煤炭化验第一次报告》《四川煤炭之分析》《川康矿产之化学成分》《四川煤炭分析续报》《川煤低温蒸馏试验》等学术书刊。地质研究所对嘉陵江下游的煤田进行了复查,调查了灌县(今都江堰市)和松潘间的地震,大小凉山、宁属七县以及川内百余县份的地质构造和矿产资源,编写成了《宁属七县地质矿产》等大量有价值的资料。生物研究所在川内及西部各省进行了大量的野外考察与标本采集,共采集了一万多号植物标本和两万多号昆虫及其他动物标本,并与国内外有关单位进行了交流,还发表了《四川雷马峨屏调查记》《四川嘉陵江下游鱼类之调查》《四川鸣禽之研究》《四川造纸木材之初步调查》《四川植物采集记》《四川鱼类目录》《昆虫之采集与制作》等学术报告。农林研究所建立了农场,进行垦殖、育林以及果树、牲畜品种改良的研究,获得了较大成果,至1938年已开垦出做各种试验推广的熟土地500余亩。农林研究所还进行了水利整治和气象观测,于1935年附设气象测候所进行气象测报,并先后出版或发表了《西瓜栽培》《农场报告》《气象月刊》《北平鸭之杂交实验》和《西山坪农场三年来的养猪经过》等书刊文章。

在科学普及方面,中国西部科学院通过其附设的图书馆、博物馆和兼善中学积极对民众进行科学文化教育,通过出刊物、办墙报、开演讲会、举办科普知识展览会等多种方式宣传科学文化知识,对提高民众的科学文化知识水平具有重要作用。在20世纪30年代的北碚乡村建设运动中,中国西部科学院极大地推动了北碚科学文化教育事业的发展,成为北碚乡村建设运动事业的重要构成部分,同时又对北碚乡村教育运动产生了广泛而持久的影响。

二、创办北碚第一所私立中学:兼善中学

卢作孚先生历来重视教育,他在20岁时就提出了"教育为救国不二之法门"[1]"国中万事,希望若绝,寻求希望,必于教育事业"[2]的思想主张。他在北碚开展乡建工作时又提出:"乡村第一重要的建设事业是教育。因为一切事业都需要人去建设,人是需要教育培成的,所以努力建设事业的第一步是应努力教育事业。"[3]将教育纳入乡村建设计划。

1927年,卢作孚初任三峡峡防团务局局长时,北碚的教育还很落后,连一所高级小学都没有。为解决适龄孩子的就学之困,卢作孚于次年春创办了实用小学。这一小学以峡防局学生毕业后留下的房舍、用品为基础,添置了学生用的桌子、凳子等必备物品,由峡防局图书馆提供图书教材,峡防局部分职员担任教师。卢作孚创办实用小学不仅是为了方便民众,更是"为了改革一般学校教人读死书的陈旧做法,培养儿童从小就有应用知识的能力和正当的行为,以便将来成为有益于社会的人"。卢作孚以实用小学为改革基地,试行新的教育方法,提倡学用结合,注重教授实用知识和培养学生"自学、自治、自理"的能力。当时,卢作孚虽经常前往

---

[1] 凌耀伦、熊甫:《卢作孚文集(增订本)》,北京大学出版社,2012,第1页。
[2] 凌耀伦、熊甫:《卢作孚文集(增订本)》,北京大学出版社,2012,第4页。
[3] 张维华:《卢作孚箴言录》,青岛出版社,2011,第114页。

北碚办事，但由于工作繁忙，他并没有常常前往实用小学看望自己的儿子卢国纪。对此，卢国纪很是困惑，直到许多年以后，他才真正理解了自己的父亲。1932年春，实用小学成为兼善中学的小学部，改名兼善小学，后纳入朝阳小学办学。

兼善中学旧貌

为进一步推动北碚教育事业的发展，1930年7月，卢作孚在社会各界贤达的支持下，创办了私立兼善中学。卢作孚取《孟子》"穷则独善其身，达则兼善天下"中的"兼善"二字作为校名，真情表达自己的教育理想和爱国情怀。他明确提出举办此学校的目的是"为祖国培养一批有理想、有志气、有能力、勤劳、朴素、有益于社会和民众的人才"。卢作孚先生认为："学校不是培育学生，而是教学生如何去培育社会。"①兼善中学于当年9月15日正式开学，学生以江北贫儿

---

① 1936年12月，卢作孚为临江小学校纪念办学23年《临江小学一览》一书的题词。

院遴选的优秀儿童为主,共29名。由于学校还没建成,校舍借北碚火焰山东岳庙下殿暂住,最初只有三间茅屋做教室,1933年迁往位于平民公园中由社会贤达捐建的红楼。当时,根据国民政府教育部《私立学校规程》,学校实行董事会制度,确立了董事会章程,成立了董事会,董事会主席由卢作孚担任,何北衡、郑璧成、李佐臣、熊明甫、黄子裳、罗广业、唐瑞五、张博和、卢作孚9人为常务校董,聘请郑献征担任首任校长。1932年1月,郑献征去职后,卢作孚又聘请张博和担任校长。兼善中学是北碚第一所私立中学,也是"北碚首创之中等学校"。自此,北碚开启了具有现代意义的中等学校教育。

1933年,社会各界贤达捐款建造了一座有四层的主楼——红楼
(当时作为兼善中学的教室兼图书室,现为北碚美术馆)

兼善中学建立后,积极推行卢作孚现代乡村建设教育思想,践行学习与社会生活、与劳动相结合的教育理念,注重

实验和实用教育。1934年2月16日,卢作孚主持会议,提出了兼善中学的办学方针:"兼善校学生将来应超(侧)重于职业方面之训练,常常将成绩通知各事业团体,以应各事业团体之需要。"①

当时,北碚发展极为落后,毫无经济基础,加上国民政府对私立学校不予帮助,办学经费成为一大难题,卢作孚通过多种渠道为兼善中学筹集办学经费。在学校创立之初,卢作孚就将其作为中国西部科学院的一个附属单位,以借助科学院的设备和人才优势来改善教学条件,充实师资力量。卢作孚利用自己民生公司总经理和峡防团务局局长的身份和社会关系,为学校筹集经费。他还从多方面争取热心教育事业人士的支持和帮助。例如:民族资本家康心如常年捐助兼善中学并设奖学金,人民教育家陶行知亲自莅临兼善中学热心指导。当时,兼善中学的收费比周围学校都低,每年所收学费还不够添置桌椅板凳,更不用说学校修缮、教师薪金和图书仪器等费用了。在此情况下,卢作孚采用了以事业养学校的办法,在他的统筹安排下,成立了兼善中学附属事业总管理处。将原校产女生院(学生宿舍)改修为兼善公寓,并把西山坪农场、吴粟溪煤矿也纳入经营范围,并先后办起石灰厂、餐厅等。1940年,总管理处改组为兼善实业股份有限公司,校长张博和兼任总经理,公司经营兼善公寓、兼善餐厅、兼善农场、石灰窑、砖瓦厂、机制面粉厂、林场、木材厂等单

---

① 吴洪成、郭丽平、秦毅、吕春枝:《教育开发西南:卢作孚的事业与思想》,重庆出版社,2006,第180页。

位。兼善公司所属各实业以先进的管理、优质的服务赢得社会称道,事业十分兴旺,其所有收益均用于办学,在经济上保障学校发展的同时,也为北碚建设和民生公司培养了一大批有为青年。当时社会上就流传着"舍得干,读兼善"的赞语。

卢作孚先生一直心系学校,即使去国外考察期间也惦念着兼善中学的教学设备,他从加拿大带回了广播喇叭,从美国带回了科技书籍。他也注意引进外国的农业新品种,以增加农场的经济效益。他从美国带回黑籽西瓜种,从越南引进象牙香蕉,从外地引进番茄和红心柚子。张博和校长还派人去河北唐县,请西瓜种植能手张忠牧到西山坪兼善农场种西瓜。1936年,西瓜丰产,最大的西瓜重四十六斤半,西山坪的西瓜闻名重庆。后来,张忠牧也被评为农技师。

1940年,兼善中学因开办了高中,规模扩大,需新建校舍,办学经费捉襟见肘。卢作孚则带头捐出他在中国茶叶公司和贸易委员会任职一月的全部车马费300元。在他的带动下,四川省银行和北碚各界人士纷纷解囊相助,帮助学校渡过难关,学校得以扩充成可容纳800名师生的高完中。

为办好学校,卢作孚还四处招揽人才。在学校创办之初就聘请毕业于北平政法专门学校、曾任重庆联合中学校长的郑献征任校长,后又聘请张博和出任校长。张博和先生毕业于南开大学,熟悉教育,讲求实干,有丰富的办学经验,是办学的行家,在担任兼善中学校长期间,建树颇多。在教师的聘请上,卢作孚也很考究,要求聘请爱国、有正义感且教学业务过硬的教师。他不但聘请国内有名的教师,还聘请外籍教师和留美教师或学者。例如：聘请外籍教师大卫和在国内外驰名的留美教师徐桂英教学生英语，聘请留美著名学者刘雨若、刘士民任教。还聘请国内大学知名教授顾实、施白南、周辉、储师竹和工学专家徐崇林等任教。卢作孚还聘请社会名流到校讲学，如聘请中国西部科学院院士来校讲无线电，聘请重庆大学校长何鲁、冯玉祥将军等来校讲课。兼善中学因有一批业务素质过硬、教学态度认真的师资队伍而驰名省内外。

当时，卢作孚深感"吾国人民太瘠弱"，提倡发展体育以振拔瘠弱，强国强身。因此，兼善中学非常重视师生的体育锻炼和运动。学校每年都会举办校运动会，项目齐全、规模宏大、运动员多、运动水平高，每届运动会还穿插团体操、舞蹈和杂技表演。在北碚历次体育运动大会上，兼善中学的体育健儿都能在篮球、足球、单杠、双杠等竞赛中取得优异成绩。

私立兼善初级中学暨附属小学中四高六两班毕业合影（1936年）

当时，就读兼善中学的学生有来自川中四面八方的绅商子弟，也有不少贫苦学生和沦陷区逃难来的异乡学生。对于家境贫苦的学生，学校会安排"勤工俭学"劳动，例如：打钟、理发、刻写蜡纸、编制棕垫、制造墨水，课外在医务室、图书馆、小卖部等处服务。在兼善中学，学生不论贫富，一律平等，且都衣着朴素，吃苦耐劳。卢国纪曾在学校就读几年，同学们很久都没被发现他竟然是董事长卢作孚之子。当时，兼善中学校歌的歌词是："不说一句虚话，不做一件假事，把一切艰难困苦都放在我们的肩上，加速的突进，去换取那未来世界的和平幸福……"[1]对于校歌，卢作孚和张博和不仅要求学生唱熟，还要求学生在学习和日常生活中身体力行，把兼善精神深深扎根在学生的思想及行动中。

学校还很重视服务社会，规定全校学生在课余时间要参加公益活动，凡清洁卫生、搬运给养都由学生轮流负责。每到农忙季节，教师会率领学生帮助附近农民播种收割；每逢嘉陵江涨水，学校会组织学生为受灾居民搬家，让出教室为灾民提供临时住所。有一次，街上居民家中失火，全校师生奔赴火场，努力抢救，许多学生爬上房顶，拆除瓦角、梁柱，阻止火势蔓延。有的学生奋不顾身，几次钻入燃烧的房内抢救老人、儿童和财物。1936年，四川大旱，学校组织孤儿救济会，收养了二十多个流浪儿童，由学生担任保教员。

抗战期间，卢作孚带领兼善师生积极进行抗日宣传活

---

[1] 吴洪成、郭丽平、秦毅、吕春枝：《教育开发西南：卢作孚的事业与思想》，重庆出版社，2006，第361页。

动。他平时省吃俭用、生活朴素,却慷慨捐助抗日经费,并四处奔走宣传抗日的道理。为了造就一批抗日中坚力量,他曾邀请抗日将领冯玉祥来校做《论联合政府》的报告。日本飞机无差别地狂轰滥炸重庆、北碚期间,学校校址被迫迁往鸡公山时,他却十分风趣地说:"兼中到鸡公山,日本的航空母舰上不去了。"[①]在卢作孚的带领和支持下,兼善师生也积极参与到抗日宣传运动中。全面抗战爆发后,兼善学生的爱国热情高涨,自动组织抗敌后援会、抗敌宣传队等。他们曾自筹经费,自搬道具步行至北碚各乡镇以及合川、江北水土等地进行抗日宣传活动,演出活报剧,为前方抗日将士募捐寒衣,获得社会人士广泛赞誉。1940年前后,兼善中学成为中共地下党组织的重要活动阵地。1939年,中共地下党支部书记黄乃麦及支部全体党员在校内外宣传党的抗战方针,支部通过学生姚登佛组织同学成立了"七七少年团"并以此为中心开展革命活动,吸收积极分子入党,下设理论学习组、时事学习组、歌咏组、壁报组、民众夜校等,积极进行抗日宣传,为革命事业做出了重要贡献。

尽管时局动荡、岁月艰辛,兼善中学在卢作孚的带领下依然顽强成长、不断扩大,培养出了卢国纪、杨本泉等一大批"服务社会、造福人群"的优秀人才,形成了"兼善天下"的兼善精神,为北碚的乡村建设和抗日战争做出了重要贡献。为了办好学校,卢作孚先生可谓殚精竭虑、呕心沥血。而兼

---

① 周永林、凌帷伦:《卢作孚追思录》,重庆出版社,2001,第488页。

善中学的发展历程表明,卢作孚创办的学校成功了,他得到了"伟大而且可靠的报酬"。卢作孚曾在《工作的报酬》一文中讨论了工作与报酬的关系。他指出:"工作的意义是应在社会上的,工作的报酬亦应是在社会上的。它有直接的报酬,是你做什么就成功什么。你要办一个学校就成功一个学校,要修一条铁路就成功一条铁路,这便是直接的报酬。它有间接的报酬,是你的成功在事业上,帮助却在社会上。你成功了一个学校,帮助了社会上无数读书的小孩子。或培植了未来社会上无数需要的人才;你成功了一条铁路,帮助了无数的客和货,帮助了生产建设和文化传播,这便是间接的报酬。最好的报酬是求仁得仁——建筑一个美好的公园,便报酬你一个美好的公园,建设一个完整的国家,便报酬你一个完整的国家。这是何等伟大而且可靠的报酬!"[1]除了办好兼善中学外,卢作孚还对少数私立中学给予支持,对陶行知创办的育才学校、梁漱溟创办的勉仁中学尤为关心。此外,他还提出了"读书便需普及"的观点,大力支持和普及民众教育,为北碚初等教育的普及做出了重大贡献。

三、开展形式多样的民众教育

1927年,卢作孚担任三峡峡防团务局局长后,为了破除"在今天以前乡村的人们,除了每年偶然唱几天或十几天戏

---

[1] 罗中福、李黄华、唐文光、罗成献、龙世和:《卢作孚文选》,西南师范大学出版社,1989,第107页。

外,没有人群集会的机会;除了赌博外,没有暇余时间活动的机会;除了乡村的人们相互往还外,没有与都市或省外国外的人们接触的机会。因此他们没有一切知识和一切兴趣"[1]的状况,怀抱着"教育救国"思想,他动员组织峡防局机关人员和士兵兴办各种民众学校,针对船夫、力夫、妇女等当时社会的底层劳苦民众,先后办起了十几所民众学校,免费向普通老百姓提供教育服务。

考虑到百姓生产生活的实际情况,民众学校的课程安排不像正规的学校教育那样单一刻板,而是根据农民生产生活规律,采取灵活办学的方式,以最大程度方便普通民众学习。办学形式上主要有半日校和夜校两种,半日校教授国语、常识、算术、公民、音乐、劳作等知识,夜校教授国语、算术和音乐等知识。教学内容方面,既包括基本的读、写、算等扫盲教育,也开展能够促进普通民众生计改善的职业教育。1931年,《嘉陵江日报》上曾刊登出《北碚晚上踊跃着读书的人们》,形象生动地描述了当时北碚开展民众教育的积极反响:"北碚的民众教育,除平民娱乐场和平民问事处而外,就是民众学校。该校男生班开学不久,女生班就接着于十一月十七日晚上在实用小学分校里正式开学……每晚都有许多男女青年朋友在读书,北碚中学校园道上、体育场间,一到晚上八点以后,随处都碰到手里拿着书本的人,不是民众学校夜学出来的学生们,就是在图书馆研究东北问题

---

[1] 罗中福、李黄华、唐文光、罗成献、龙世和:《卢作孚文选》,西南师范大学出版社,1989,第198页。

的峡局职员。从来峡局文化事业莫有见过如此的兴盛现象,尤其是晚间。"[1]

民众学校虽然方式灵活,但是无法达到更大范围普及教育的效果,因此后来发展为挨户教育,利用夜间民众比较集中和不为生计奔忙的闲暇时刻,组织师资力量主动送教到农民家里,采取的方式是以某户家庭为临时授课点,然后聚集周边的几户或者十几户人家集中授课。

民众学校结合底层百姓的职业特性,采取工学结合的方式开展普及教育。例如,在船夫休息的囤船上办了船夫学校,在力夫休息的茶馆里办了力夫学校,在三峡染织工厂办了工人学校,还有针对妇女职业技能提升的妇女学校,甚至还为来北碚赶场的农民办了场期学校。卢作孚说:"不必要固定的学生,凡赶场的人,无论男女老幼,都可来学,学一回算一回,至少可以学会一桩简单的事情。"[2]为了提高民众接受教育的积极性,当时卢作孚主持的民众学校还出了一则明文规定,对接受民众教育的老百姓实施一些优惠政策。例如:"凡有一切参观的机会,无论动物园和博物馆,无论电影或戏剧,往往是让识字的先进去,或需要收费的让他们免费进去。布置一种环境去包围那不识字的人们,促成他们识字。"[3]

---

[1] 周永林、凌耀伦:《卢作孚追思录》,重庆出版社,2001,第448-449页。
[2] 鲜于英:《教育,我们知道了吗》,国家行政学院出版社,2013,第112页。
[3] 罗中福、李黄华、唐文光、罗成献、龙世和:《卢作孚文选》,西南师范大学出版社,1989,第200页。

卢作孚通过推行各种因地制宜的民众教育举措，积极营造了一种"人人皆学，处处可学"的教育氛围，并把读书识字的好处融入普通民众的日常生活之中，让他们深刻感受读书识字不仅能给生活带来便利，也是改变个人命运与社会发展的"压舱石"。

第三章 抗战期间二十余所大中专院校在北碚

1937年,全面抗战爆发,重庆成为战时首都,是当时全国政治、经济、文化中心,同时也成为高等教育院校迁建的重要城市。素有"重庆后花园"之称的北碚为内迁高校的延续发展提供了得天独厚的条件。受命于民族危难之际,无论是保存中国文教国脉,还是供给战时服务人才,北碚这座小城都与抗战紧密相连。大量文化界、教育界名人纷至沓来,他们秉持"抗战救国"之理念,积极安定内迁高校和筹建发展新高校,复旦大学、国立江苏医学院、国立歌剧学校、国立重庆师范学校、中国乡村建设学院、世界佛学苑汉藏教理院、上海立信会计专科学校等二十余所国立、私立大中专院校迁来或新办于北碚。大中专院校在北碚获得相对稳定的发展条件,促使充满抗战文化精神的文化教育事业繁荣发展,尤其是体现着"抗战救国"之魂的各类艺术蓬勃发展,更使北碚这座小城的面貌熠熠生辉。

一、国立大专院校在北碚

1.抗战岁月中的夏坝复旦大学

1937年12月底,复旦大学师生到达重庆时合影

在北碚嘉陵江之滨,曾有个名为"黄桷"的小镇,其间有一处开阔平地,当地人称之为"下坝"。

1905年5月,私立复旦大学创建于上海吴淞。1928年国民政府大学院批准立案,设文、理、法、商四学院。1938年2

月下旬,复旦大学师生分批迁至下坝。复旦大学新闻系教授陈望道提出,"下""夏"同音,建议取"华夏"之"夏",将"下坝"更名为"夏坝",以表达复旦师生的爱国之心。从此,复旦大学与夏坝结下了不解之缘。1938年,在北碚新校设统计学系,并恢复了史地学系。1939年,复旦新校舍破土动工。第二年,根据校训命名的4栋学生宿舍建成,分别为博学斋、笃志斋、切问斋、近思斋。1940年8月增设农学院,由原来的四院发展为文、理、法、商、农五院,在北碚大地上孕育出更完备的学科。1942年,取自校长李登辉之名的主要办公楼"登辉堂"建成。1942年,复旦大学由私立改为公立,设有商科研究所、科学馆、新闻馆、文史研究室、社会科学研究室及茶叶研究室等研究机构,相伯图书馆收藏中外文书籍、期刊三万余册,编刊《复旦学报》及"复旦丛书"多种。1944年,大学部共设5院、22个系、2个专修科,共有学生1670人。

复旦大学西迁至重庆北碚夏坝重新建校,校门旧址

陈望道、周谷城、顾颉刚、洪深、曹禺、方令孺、叶圣陶、童第周等著名专家学者在此执教育人，郭沫若、邵力子、翦伯赞、老舍、姚雪垠等学者也曾来校讲学或演讲。彼时的夏坝，是光耀一方的学术殿堂。

复旦大学旧址正面——登辉堂

值得特别一提的是，北碚时期的复旦大学新闻系在烽火岁月中获得了前所未有的发展，不仅形成了完整的新闻系人才培养体系，同时也极大地发挥了报道战时新闻、宣传新闻救国的重要作用。新闻系与《嘉陵江日报》的紧密合作，也促进了北碚报社事业的快速发展。为适应战时需要，新闻系改革新闻人才培养课程，注重新闻实践，积极报道战时新闻，成为复旦大学新闻学历史上的特色印记。

1946年返沪前，复旦农学院师生在北碚登辉堂前合影

重庆北碚给予了复旦大学八年半的兴盛时光,而它也回馈给这座小城别样的光辉。如果说烽火岁月中,高等教育院校内迁使北碚的教育事业熠熠生辉,那复旦大学就是这一时期最闪耀的明珠之一。夏坝复旦师生举办民众学校,创设社会教育委员会,提供法律咨询、副业指导,组织宣传队、歌咏队、话剧队,进行抗战救亡宣传,以实际行动回报社会、服务社会,与地方民众打成一片,给北碚留下了"抗战、爱国、进步、民主"的美好印象。

复旦大学回迁以后,校地则由复旦重庆校友创立的私立相辉学院租借使用。1950至1951年,相辉学院与其他学校合并,组建成西南农业学院、四川财经学院(今西南财经大学),原校撤销。原校办公楼登辉堂,今定为重庆市文物保护单位。

2.国立江苏医学院:嘉陵江边的苏医村

国立江苏医学院奠基石

1934年，江苏省立医政学院（今南京医科大学）创立，首任校长胡定安。经过三年经营，已初具规模，然适逢全面抗战爆发，学校被迫西迁。1938年，学校在湖南沅陵与南通学院医科合并改组为国立江苏医学院，一路经湘贵，入川渝。1939年初，学校接国民政府教育部命令，复迁重庆北碚池角荡（后更名为"苏医村"），购下北碚医院（今重庆第九人民医院）为院舍，至此国立江苏医学院在重庆开启了长达八年的办学历程。作为战时北碚医学高等学府，国立江苏医学院在战火中培育医学急需人才，组建中国预防医学研究所，组织空袭救护队和流动医疗队，为医学担道义，为国家安太平，走过了一段负重奋进、可歌可泣的办学历程。

育人与研究并重，培养战时医学人才。为加快战时医学人才培养，学校起初以举办医学本科为主，1939年10月接教育部令，开办以初中毕业生为对象的护士助理职业训练班。1941年，筹办附属医院高级护士职业学校，奉令增办卫生教育专修科，并为边疆学校代办卫生教育专修科。1944年3月，学校被核准举办高中毕业为起点、学制六年的医学本科。同年7月，批准增办初中为起点、学制六年的医学专修科。1942年7月，经批准成立了医学研究所。同年8月，医学研究所成立寄生虫学部，由部聘教授洪式闾任主任。1947年，寄生虫学部奉教育部令改组为寄生虫学研究所。

国立江苏医学院校门旧址

医者仁心，服务社会民生和抗战军民。1942年11月27日，江苏医院附属医院成立社会服务部。瘟疫往往伴随着战争而来，民众在战火中残喘苟活时，还遭受疾病的折磨。为此，学校与三峡实验区署共同实施公共卫生学术讲座，编辑发布医药常识，举办夏令卫生宣传周，兼办卫生教育施教区，开展卫生教育。迁址重庆办学后，国立江苏医学院师生积极行动起来组建若干空袭救护队，后又与红十字会救护总队合作，组成空袭流动医疗队，救助伤亡群众。

国立江苏医学院北碚校址

3.战火中绽放的"北碚高等艺术体育教育之花"

抗战时期,戏剧是宣传抗战、唤醒民众与振奋抗战精神的重要方式。北碚小城的戏剧事业既有北碚新剧团、北碚民众剧团等本土剧团,也得益于迁入北碚的复旦大学、国立戏剧专科学校、歌剧学校、育才学校等学校戏剧团体,这些学校戏剧团体在繁荣戏剧文化事业的同时也培养了戏剧人才。首先是"国立歌剧学校",其前身为山东省立实验剧院,校长为王泊生,1943年始迁往北碚。该校设于北碚祁家湾狮子坡,校门沿中山路,占地约六亩。然后是"国立戏剧专科学校",抗日战争全面爆发后,曾两度迁往北碚,1938年春至七星岗,后移北碚;1940年7月校名改为"国立戏剧专科学校",1945年暑假再迁北碚,同时合并了此前的国立歌剧学校。抗战时期,多数学生倾向进步,走入革命戏剧运动行列,不少进步学生在中华人民共和国成立后成为文艺骨干,有的肩负了文艺领导工作,有的成长为著名的戏剧、电影编剧、导演、演员、舞美专家或戏剧教育家、作家、教授。得益于北碚小城相对安定的环境,内迁而至的高等艺术院校在短暂的北碚岁月里,为培养戏剧人才和繁荣革命戏剧运动做出了重要贡献。

4.国立国术体育师范专科学校

1932年,国民党爱国将领张之江在南京孝陵卫创建中央国术馆体育传习所,1933年更名为国立国术体育专科学校。1937年抗日战争全面爆发,国立体专辗转迁移到重庆北碚办学，1940年5月迁至北碚金刚碑，王泊生任校长，建校于北碚至北温泉的小山弯子，在靠近北温泉的山坡上，修建了教室、体育设施。1941年，学校奉令改为国立国术体育师范专科学校。1942年3月，学校又迁至北碚蔡锷路19号，直至抗战胜利后并入天津高校。

北碚金刚碑国立国术体育师范专科学校办公点，后改为金刚碑仪表厂

国立国术体育师范专科学校在北碚六年办学期间，每年招收秋季始业三年制、五年制各一个班，每一班30至40人。学校北碚蔡锷路校址（今西南大学附属小学后公路上下地带），办公室、教室、食堂、宿舍都建在半坡上，房屋是砖柱木结构、竹编夹木墙，外层是石灰粉刷，涂成黑色，以防敌机轰炸。

5.国立重庆师范学校

现今北碚公园内，保留着一幢檐牙高啄、中西合璧的旧楼房，它是原国立重庆师范学校本部旧址。

1938年9月,著名儿童教育家马客谈受聘主持了当时师范教育学科齐全的国立重庆师范学校。该校先被命名为国立第二中学师范分校,1940年3月,根据国民政府教育部要求,设置为独立学校,定名为国立重庆师范学校,设有普通师范、体育、音乐、美术、劳作(后并入美术)及幼稚师范6科。同年,接收私立两江女子体育师范学生,设体育师范科,后又增设保育师资训练班。1947年改名为北碚师范学校。学校从创办到停办历时8年,从一个战时救济性的教育机构,发展为有计划的、实验性的分科师范学校。

1938年,国立重庆师范学校接办北碚小学,作为第一附属小学,并附设幼稚园,作为重要的教育实践基地。1940年8月,设置迁建区北碚小学为第二附属小学,作为学生实习基地(这两所小学,同时亦挂牌为朝阳一、二中心校,后纳入朝阳小学办学)。国立重庆师范学校常为北碚各小学举行教学演示,供给实用资料,协助地方政府举办寒暑假小学教师讲习会。

国立重庆师范学校是抗日战争时期颇有影响力的中等师范学校,为战时培养国民师资,训练地方自治干部,实施地方教育辅导和实验师资训练方法,补充小学教材,出版教师进修刊物,极大地促进了重庆地方教育事业的发展。学校还致力于乡村发展,设立家庭教育试验区,成立乡镇工作站,举办卫生指导,进行健康检查,办妇女识字班。

国立重庆师范学校重视学生实习与教师学习,培养师范人才,积极服务战时经济社会发展。校长马客谈曾作诗"巍峨簧舍仰东山,作育良师济国艰。植幼正蒙研教术,广储化雨布人间",彰显了国立重庆师范学校在战时北碚高等教育中的地位。

6.中央测量学校

中央测量学校1931年在南京创建。1937年全面抗日战争爆发后,该校由南京迁往长沙。1938年秋,该校又由长沙迁到桂林。1939年春广州测量学校奉令并入该校,并将学校迁到贵州镇宁。1944年12月,日军攻占贵州独山,学校奉命迁到重庆北碚澄江。1945年3月1日,学校更名为中央测量学校,分为研究班、正班、训练班三级,每级又分大地测量、地形测量、航空测量、制图、仪器制造五个科,并设测量军士队,招考学员,加以训练,以供学生实习派用。至1946年秋迁离北碚时,已培养研究班118人,正班1195人。

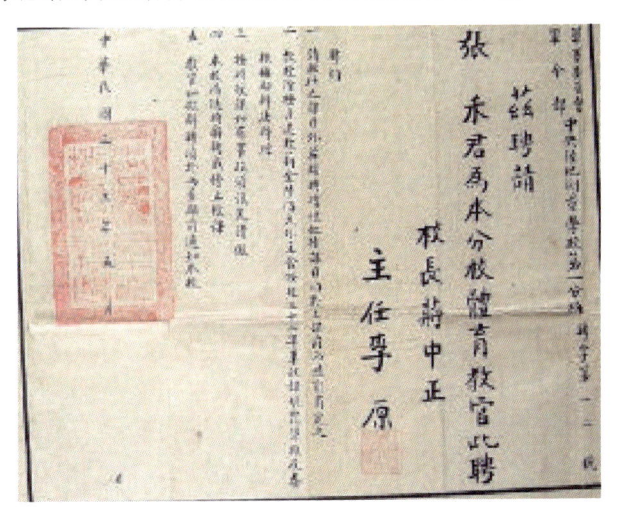

抗战期间中央测量学校聘书

7.国立社会教育学院电化教育专修科

为培养战时社会教育人才,经国民政府行政院同意,1941年8月,在现重庆市璧山区正式设立了国立社会教育学院,陈礼江任院长。学院设社会教育行政、社会事业行政、图书博物馆学三个系及社会艺术教育、电化教育两个专修科。北碚作为战时陪都迁建区,文化教育机构林立,尤其是中华教育电影制片厂的存在,为电影专业人才培育提供了良好条件。1942年底,国立社会教育学院电化教育专修科从璧山本部迁到北碚北温泉松林坡的中华教育电影制片厂内。

20世纪40年代的北温泉公园

迁到北碚的电化教育专修科作为国立社会教育学院分校,1943年初,分校开学,走出了其独立办学的第一步。1944年秋,国民政府教育部决定将电化教育专修科改为电化教育专科学校,并任命中国电影制片厂厂长张北海兼任校长。自此，作为我国培养电影专门人才的第一所电影专业学校在北碚诞生。

1943年初，学校设有电影教育组、电影戏剧组、播音教育组（电影、电台播音等），学制为两年。1943年秋，又增设电影艺术班（绘制动画、布景、化妆等），学制为一年半，为战时培养了大批电影艺术专业人才。除人才培养外，学校服务社会、服务抗战，也极大地奠定了其独特的社会地位。学校以电化教育为武器，摄制了一批反映战时工业、地理交通、抗战新闻时事、医药、文艺、教育等的影片，并深入大后方城乡巡回放映，起到了宣传教育民众、鼓舞士气的积极作用。

国立社会教育学院电化教育专修科正在开展教学活动

8.国民政府军政部军需学校

国民政府军政部军需学校成立于1912年3月，由孙中山先生创办，其前身为北洋陆军军需学校。由于日机轰炸，1938年，经江北迁往北碚蔡家，抗战结束后，于1946年还迁南京。学校在重庆期间得到迅速发展，8年间总计培养上千名热血青年，特别是第13至16期学员共有558人，达到鼎盛,其间一直由蒋介石兼任校长。学员从重庆毕业后,奔赴抗日前线,为民族救亡图存做出了应有贡献。

学校大门

2019年,国民政府军政部军需学校旧址入选重庆市人民政府公布的第三批重庆市文物保护单位。

二、私立大专院校在北碚

1.中国乡村建设学院

晏阳初与中国乡村建设学院师生合影

1940年，中华平民教育促进会在重庆创办了私立乡村建设育才院，学院坐落在距北碚十多公里的歇马场附近的大磨滩旁，没有雄伟的大门，没有高大的围墙，没有高楼大厦，只有几排白色的平房点缀在青山绿水之间，与周围碧绿的田野和农舍融为一体，构成一幅美丽的风景画。作为一所独特的高等学府，中国乡村建设学院为战时北碚培养了大量乡村建设人才。

1945年8月，私立乡村建设育才院扩大为独立学院，改为"私立中国乡村建设学院"，成为当时全国唯一专门培养乡村建设人才的高等学府，院长由平教会干事长晏阳初兼任。该院在抗战初期人、财、物十分困难的条件下，邀请张群、蒋梦麟、张治中、陈布雷、甘乃光、蒋廷黻、黄炎培、卢作孚、梁漱溟、梁仲华、陈筑山、张伯苓等各界代表组成董事会，院内设农学、农田水利学、乡村教育学、社会学四系，学制四年，并在璧山创立平民教育与乡村建设试验区，作为该院学生的实习基地。1951年，中国乡村建设学院由人民政府接管，改名"川东教育学院"，翌年院系调整，并入西南师范学院等校。

中国乡村建设学院农学系学生在田间实习

2. 世界佛学苑汉藏教理院

为"沟通汉藏文化、联络汉藏感情、发扬教义、巩固边陲",1932年在北碚缙云山的缙云寺中,太虚法师主持倡建世界佛学苑汉藏教理院(以下简称"汉藏教理院"),重庆第一所致力于佛学研究与佛学人才培养的高等教育佛学院得以落成。汉藏教理院分专修科和普通科,专修科学制两年,普通科学制四年。课程以藏文、佛学为主,兼授历史、地理、法律、农业、伦理、卫生等学科。汉藏教理院成立之初建有图书馆,1942年,共藏有汉、藏文《大藏经》及各种丛书、文库等2573册,大乘、小乘论及论释单行本665本,各宗论著及语录179册,语文类、史地类、艺术类、杂著类丛书共325册。

世界佛学苑汉藏教理院开学典礼摄影(北碚缙云山)

自1937年国民政府西迁以后,先后来汉藏教理院参观的军政界、文化界、金融界名人多不胜举,其中众多名人也在该院做过演讲,郭沫若、田汉、谢冰莹、林语堂、王向辰、老舍、梁实秋等现代作家名列其中。抗战时期北碚是当时文化名人的聚集地之一,汉藏教理院也是这些文化名人的常去之地,直至1950年6月,汉藏教理院停办,校舍归还缙云寺。

世界佛学苑汉藏教理院概貌

在挽救民族危亡的抗日战争中,中国佛教界本着慈悲为怀、救苦救难的佛教精神,高举爱国旗帜,利用各种方式支援抗战,开展抗日救国斗争。汉藏教理院在抗战期间进行抗日宣传、支持抗日,组织僧侣救护队救死扶伤,举办法会,追悼亡者、激励生者,募集和捐献资金、衣物支持抗战,积极支持宗教外交并赴外宣传抗日。北碚缙云山深处,汉藏教理院从沟通汉藏关系出发,研究藏情,促进汉藏文化交流,在战乱时期对维护民族统一起到了重要作用。从促进近代佛教事业发展来看,汉藏教理院在培养佛教人才、发展佛教教育、推广建设新佛教理念等方面都取得了明显而重大的效果。

3. 立信会计专科学校

中国现代会计之父潘序伦先生取《论语》"民无信不立"之意,采用了"立信"之名。1928年潘序伦在上海立信会计师事务所内设立簿记训练班,立信会计教育事业由此发端,而后改名为立信会计补习学校。但因日寇入侵,上海沦陷,办学中断。1937年,刘芷休先生在重庆北碚创办立信会计学校,开设高级班、中级班,为重庆培养新式会计人才。1940年前后,潘序伦先生为谋求继续开展立信会计事业,经香港到重庆,在北碚原立信会计学校的基础上筹办专科,同时办理迁渝事宜。1942年,国民政府同意上海立信会计专科学校迁往重庆,校址在重庆北碚。1946年,抗战胜利后,上海立信会计专科学校复校,重庆北碚立信会计专科学校继续开办,由留渝校董12人组成新的董事会,卢作孚任董事长。经历北碚岁月,"立信"扎根重庆,与上海立信同气连枝,辗转迁至今沙坪坝区,已发展为今天的重庆立信职业教育中心。

立信会计专科学校校门　　立信会计专科学校课堂

立信会计专科学校毕业生留影

4. 私立相辉文法学院

1946年，复旦大学迁回上海时，为延续复旦的北碚岁月和纪念近代著名教育家及复旦大学老校长马相伯与李登辉，留渝校友在北碚复旦大学旧址的基础上成立了私立相辉文法学院。私立相辉文法学院创立时聘请于右任任董事长，复旦大学原训导长许逢熙任院长。学校设文史、外语、经济、银会、法律及农艺等六系，共十班。教授中有吴宓、方敬、金企渊、张默生等知名人士。1950年，学校农艺系与四川省教育学院等合并建立西南农学院。1952年院系调整时学院停办，各系科分别并入四川财经学院和重庆大学等校。

1948年冬，私立相辉文法学院艺术剧社部分学生在北温泉合影

5.草堂国学专科学校

1944年,东北大学教授孔德等在四川三台筹办草堂书院,招生100余人。备案时,核定为草堂国学专科学校,后更名为尊经国学专科学校。1945年,学校迁来北碚,董事长于右任,校长杜钢百,学校有教师17人,工友3人,学生80人。校内分设文哲、文史、文教三系,除校长杜钢百本人讲授经史外,主要约请当时在北碚的大专院校、国立编译馆、国立礼乐馆的教授和学者讲演。学校无专职职员,行政事务由免费生负责,1946年夏,学校迁址重庆南温泉。

草堂国学专科学校部分师生与三台地方人士合影

第四章 抗战期间著名教育家在北碚的教育实践活动

全面抗战爆发,中国教育亦遭遇创伤,为延续民族文化命脉,文化教育重心被迫战略转移至以重庆为中心的大后方,北碚教育亦在此时期获得长足发展。彼时,北碚这座小城人文荟萃,文化名人与教育家在此汇聚。为存留中国教育精髓、弘扬民族精神,胸怀爱国之心的教育家们支撑了学校西迁,创建了大中小幼学校。教育名家、名师肩负拯救民族国家的责任使命,秉承近代以来的教育理念,创办新式学校,从初等教育到高等教育,从学校教育到民众教育,积极开展抗战与乡村建设教育实践活动。北泉慈幼院、育才学校、勉仁文学院、中国乡村建设学院等学校的创立,极大地促进了北碚各级各类学校的勃兴发展。各界文化名人及教育家开办学校,为战时服务提供各级各类人才;开展扫盲等民众教育,提高国民基本素质;传播抗战文化,实施教育救国;传授知识,争鸣学术,繁荣了近代社会科技文化。北碚教育实践活动的活跃,树立起了"教育事业,百年树人"的典范。

一、梁漱溟创办勉仁文学院

梁漱溟(1893—1988),蒙古族,原籍广西桂林,生于北京,中国著名的思想家、哲学家、教育家、社会活动家、爱国人士,现代新儒家的早期代表人物之一,有"中国最后一位大儒家"之称。2005年被重庆市人民政府评为重庆历史名人,是位列重庆历史名人馆内的两百位历史名人之一。梁漱溟先生在重庆创办了一系列的勉仁学校,包含勉仁中学、勉仁书院、勉仁文学院及其前身勉仁国学专科学校,其中在北碚创办的勉仁文学院成为承载梁先生新儒学思想、中国文化建设、乡村建设等思想实践的重要阵地。

梁漱溟先生创办的一系列"勉仁"学校,均得名于"勉仁斋",这个名称取自儒家思想"勉以行仁"之义。勉仁斋的发源可追溯至1921年梁先生在清华园内的居所之名,尔后演变为代指师友同处共学之处。战乱年代,梁先生携勉仁斋师友辗转全国,1946年8月,由勉仁师友成员中的张俶知、陈亚三等人负责,初在勉仁中学后面的缙云山支脉五指山创办勉仁国学专科学校,后来迁往勉仁中学明远阁,1948年8月三迁于北温泉附近的松林坡(勉仁文学院现存旧址所在),即在原国学专科学校基础上成立勉仁文学院,梁漱溟自任董事长兼校长。学院分哲学、文学、历史三个系,梁漱溟亲自主持并兼任哲学系主任。

勉仁文学院校门口,现为北温泉柏林楼

1948年梁漱溟在北碚勉仁文学院工作

"文学院之文,盖人文之文也。"梁漱溟先生认为,中国学问在文学院,要认识中国,解决中国问题,文学院必居先,就要建立一个研究当时中国文化问题的重要文化机构,培养有志于此的青年人才,勉仁文学院正是承载着梁漱溟先生这样的理想应运而生的。梁漱溟先生是新儒学的先驱,勉仁文学院也成为新儒学最早的根据地之一,中国文化要义是梁漱溟先生在文学院的主讲内容,1949年5月,他将《中国文化要义》第七章"理性——人类的特征"率先刊发于《勉仁文学院院刊》,其核心思想对新儒学思想与乡村建设思想有着深远的意义,对今天的北碚、重庆乃至全国的乡村振兴仍有许多借鉴意义。

勉仁的办学经费主要来自社会支持和募捐,由于梁先生一直倡导平民教育的办学思想,学费十分低廉,全靠其苦心经营勉强支撑,梁先生为创办文学院,还在《大公报》上以个人名义刊登募捐事宜。为开办好勉仁文学院,梁漱溟大量邀约有真才实学的国学大师,受其办学理想所影响,著名学者吴宓放弃武汉大学外文系主任一职,千里迢迢赶赴北碚这座小镇。1949年冬,尚有陈亚三、邓永龄、罗庸、李源澄、吴宓、杨砺坚、曹慕樊、侯思恭、杨中慎、张之伟、孙伏园等先生在院任教。

在北碚这座小镇,梁漱溟携"勉仁斋"之名与"勉仁斋"之实(勉仁师友)共同缔造了勉仁文学院。1949年中华人民共和国成立后,勉仁文学院由西南文教部接管后并入西南师范学院,成为现今西南大学文科发展的重要组成部分。梁先生所创办的勉仁文学院存续的历史并不长,但其对北碚的文教事业及乡村建设的影响是非常深远的,更为北碚历史文化的积淀做出了重要贡献。

二、陶行知创办北碚育才学校

1917年秋天,陶行知先生完成在美国的学业后回到祖国,开始了他既富创造性又充满艰辛的教育生涯。他积极推动平民教育和乡村教育运动,先后创办了晓庄学校、生活教育社、山海工学团,大力兴办平民学校,革新教育思想,成为全国著名的教育活动家。

中年时期的陶行知

抗战期间,他积极响应中国共产党提出的全面抗战号召,积极开展抗日救亡活动。1939年2月,陶行知辗转到达北碚。在北碚期间,陶行知创办了一所培育难童和抗战遗孤的学校——育才学校,在学校继续开展乡村教育和平民教育活动,践行教育救国理想,为北碚乃至重庆教育留下了一笔宝贵的财富。

陶行知曾见到许多有天赋但是没有机会接受教育的难童,于是萌生了创办一所学校来对难童进行培养的想法。到达北碚之后,他在吴玉章和卢子英的大力帮助下,创办了育才学校。1939年7月20日,育才学校借用北温泉小学的房屋举行了开学典礼,学生40余人。当年8月初,学校迁移至草街子古圣寺正式上课,年底时学生增至近百人。育才学校开学后,得到了中国共产党和一批社会人士的大力支持。中共中央南方局特派延安马列学院毕业生廖意林到育才学校工作,并建立了党支部。周恩来十分关心育才学校,曾专程到育才学校参观,还为育才学校的孩子们题词"一代胜似一代"。冯玉祥、邵力子等知名人士也专程到学校演讲。

陶行知在育才学校大力推行"生活教育""做中学""小先生制"等教育理念,积极探索教育改革新路。育才学校实施劳动生活、健康生活、政治教育和文化教育,组建戏剧组、音乐组、美术组,通过多种艺术形式宣传抗日救国,产生了很大的社会影响。育才学校也成为陶行知升华其教育思想的重要实践载体。

育才学校的办学条件十分艰苦,办学费用以及学校用品的重要来源就是陶行知先生的社会募捐。为此,陶行知先生付出了大量心血,其"教育为公"和"爱满天下"等教育信念得到了最好诠释。

育才学校毕业生中有数十位参加了抗日战争和人民解放事业,献出生命的就有18位,为中国民主革命的胜利做出了积极贡献。根据20世纪90年代的统计,育才学校首批136名难童学生中,有64人成为专家、教授、研究员、艺术家和高级工程师,有20多人成为省部级、司局级领导干部。国务院原总理李鹏也曾在育才学校学习过一段时间,李鹏总理在其自传回忆录中还提及了这段经历。

"捧着一颗心来,不带半根草去。"陶行知先生在北碚开创的教育事业,已成为中国教育史上的一段佳话,其中所体现的"为民众兴教、为民族育才"的伟大精神,是中国教育思想的伟大遗产,也是北碚的一笔宝贵精神财富。

陶行知和儿童在一起

三、晏阳初创办中国乡村建设学院

晏阳初(1890—1990),四川巴中人,中国平民教育家和乡村建设家,被人们尊称为"世界平民教育之父",曾与爱因斯坦、杜威等并列荣获"现代世界最具革命性贡献的十大伟人"的殊荣。晏阳初"立志不做官,不发财,将终身献给劳苦的大众",一生致力于平民教育事业,形成了"一大发现、两大发明、三种方式、四大教育、五个结合"的平民教育思想体系。

晏阳初在北碚

抗战期间，中华平民教育促进会辗转大半个中国，最终于1940年由晏阳初领导总会同人入川，开始了在四川的筹建办学活动，晏阳初先生举世瞩目的河北"定县实验"成果也在这里得以延续。为开展乡村建设活动，培育战时乡村建设人才，晏阳初汇集了社会各界热衷于平民教育和农村建设的力量，在重庆北碚歇马大磨滩龙凤溪畔辛苦征购得500亩土地，首先建立起了私立乡村建设育才院，1945年正式过渡到"中国乡村建设学院"，晏阳初亲自任院长，继续践行自身的平民教育与乡村建设思想。

在选择学院地址的问题上，晏阳初向好友卢作孚寻求帮助，终获卢作孚竭力支持和无私援助，落实了中国乡村建设学院的建校土地。在地理位置上，晏阳初先生将校址定为农村，体现了其深入农村，组织教育农民大众的愿望，成为近现代教育史上的一大创举。学院注重学生实践动手能力的提高，先后开辟出璧山实验区和华西实验区供实习之用，中国乡村建设学院学生在教师或导生的指导、监督下就其专修学科参加具体实习工作，在实验区里运用导生传习法和研习法，培养的毕业生或留院担任助教，或到实验区参加工作，工学结合得非常紧密，中国乡村建设学院培养造就出一大批优秀的乡村建设实用人才。

晏阳初、卢作孚与中国乡村建设学院师生于学院礼堂前合影

晏阳初针对中国农村建设与抗战的实际问题,从院系设置到学科建设、课程设置及教学管理,均建立了独特的高等教育体制。晏阳初根据在定县实验时期针对民众所患"愚、贫、弱、私"的四大病症来推行四大教育的思想和宗旨,于学院下设乡村教育学系、农学系、农田水利学系、社会学系,以学院为乡村建设实践活动中心,深入中国农村社会,实地走访去发现问题,制定解决问题的方案,传授农作物培植与繁育技术,兴修水利,开展大大小小的农村识字扫盲活动,四个院系相辅相成,其独特的乡建理论和活动,开创了中国近现代高等教育的先河。

四、周之廉举办难童教育——北泉慈幼院

1938年,师承美国教育家约翰·杜威的周之廉硕士毕业后回国参与抗战。次年5月,周之廉在重庆北碚缙云山腰绍隆寺创建北泉慈幼院并任院长。周之廉创建北泉慈幼院之

初,收纳的都是湖北战区抢救、收容、转送到后方的儿童。之后,周之廉又陆续成批接收了战时儿童救济会、《新华日报》社、战时儿童保育会及各个教养院、保育院转来的儿童。北泉慈幼院前后共接收、抚养、教育了战区难童和孤、贫儿童近千名。北泉慈幼院原本是战时紧急状况下收容、教育难童,具有孤儿院性质的小学教育机构,但是,在"一切为了儿童,一切为了国家"的宗旨下,北泉慈幼院始终坚持既要抢救,也要教育,实行"抢救与教育并重"的方针,影响广泛。

周之廉和北泉慈幼院儿童合影

北泉慈幼院师生在码头背米

北泉慈幼院本着"本道慈之旨,保育难童,以培民族之原气,并施以完全小学教育及初步谋生之技能"的教育宗旨,明确了教育目标:"根据政府教育宗旨及抗战建国之原则及难童之特殊需要,夯筑儿童坚实的文化基础;培养儿童健康体格;养成儿童健全的民族思想;陶冶儿童善良的德性;发展儿童自立自尊的能力与习惯;增进儿童生活技能;发扬儿童快乐活泼的精神;训练儿童劳动的身手;德智体全面发展,培养建设国家之基石。"[1]

在此教育目标下,慈幼院设定了七大教育内容:品德人格教育、文化及科学教育、健康教育、社会教育、劳动生产教育、家庭教育、业余教育。慈幼院实行准军事化制度管理。队列建制、生活作息、内务整理等都有严格的集体生活制度。

---

[1] 政协重庆市北碚区文史资料委员会编,王庄主编:《北碚文史资料 第9辑》,1997,第185页。

1940年夏,林语堂参观了位于北碚绍隆寺的北泉慈幼院,评价道:"孩子是国家的未来、民族的希望,慈幼院让孩子从小就接受爱国教育,使中华民族后继有人,这是千秋功业啊!"

北泉慈幼院自1939年创建,至1953年由人民政府接管,历时14年,经历抗日战争、解放战争、新中国成立初期三个历史时期,是国统区的保育、教养、育幼、慈幼四大战时儿童教育体系中持续时间最长、发展最好的难童教育机构,为国家和民族拯救、培育了近千名难童和孤、贫儿童,为战时儿童教育事业做出了不可磨灭的贡献。

除了周之廉创办的北泉慈幼院,国民政府社会部于1943年创办的北碚儿童福利实验区也为抗战期间的难童收容做出了突出贡献。

北碚兒童福利實驗區簡訊

"二三一〇三"及"二四七一七"。該處并於下關啟有服務站,亦可解答各項諮詢問題,電話號碼為"二三二八九三"及"三二六三五",均有問必答。

設計兒童服裝

適合兒童需要的標準服裝,計分為乳兒、嬰兒、幼童及兒童四組,各按其生理衞生的需要,做合理的設計。布料力求適用,色樣力求新鮮,俾能適合經濟美觀及耐用三大原則。

兒童福利展覽

兒童福利展覽於四月四日起至六日止在該區兒童福利所公開展覽,內容根據社會部谷部長所指示的五善(善種、養生、善養、善教、善保)政策製成各種有系統的圖解或模型,公開展覽,俾使社會人士瞭解兒童福利的意義與重要。

開辦兒童食堂

該區兒童福利所開辦的兒童食堂,專為兒童服務。就膳者有小學生和幼兒園的小朋友,有自謀生活的兒童,也有一般的社會兒童。日正式開幕,於本年三月一

专栏·北碚儿童福利实验区简讯

1943年，国民政府社会部为倡导及改进儿童福利事业，决定在现北碚卢作孚广场碚峡西路路口到泉外楼附近，设立北碚儿童福利实验区，以北碚管理局辖境为范围，由章柳泉先生任主事。实验区将一般儿童和特殊儿童的福利事业分做体系实施，设立了儿童福利所、托儿所、儿童辅导院、儿童教养院和推广工作组几个主要业务单位。根据"善种、善生、善养、善保、善教"五善政策，进行具体的实验，以此作为各地办儿童福利所的示范。[1]

北碚儿童福利实验区从筹备成立到办理结束，其实验成果不仅令当时"社会人士之观感一新"，新闻舆论也"时予鼓励"，后来由熊芷主持的南京儿童福利实验区也在相当程度上取其所长。

在组织制度上，北碚儿童福利实验区的重要章则在1943年内基本设计完成，囊括《实验区组织规程》及其附属的《托儿所组织章程》《儿童福利所组织章程》，以及《托儿所托儿办法》《托儿所办事常规》《儿童联谊社简章》《设置托儿站办法》等系列规章办法，为其各项具体工作展开构筑起制度框架。[2]

---

[1] 胡小京：《抗日战争时期国民政府的儿童福利政策——以重庆北碚儿童福利实验区为例》，《西南农业大学学报（社会科学版）》，2010年第8卷第2期，第103-106页。
[2] 吴媛媛：《抗战末期国民政府领导的大后方儿童福利实验运动——以国民政府社会部北碚儿童福利社区实验为例》，《社会工作》，2016年第1期，第75-83，125-126页。

《社会部北碚儿童福利实验区工作概况》资料封面

此外,为扩大影响,及时推广研究成果,北碚儿童福利实验区非常重视与社会建立广泛联系。在推广组的主持下,北碚儿童福利实验区逐步建立起一个完整而富有层级的社会关系网,由儿童家庭推及北碚当地及其周边地区,乃至盟国。

1949年1月,国民政府社会部对北碚儿童福利实验区进行紧缩业务和编制,只保留托儿所和儿童福利所两所机构,改称为"北碚儿童福利站"。同年7月,社会部再次对北碚儿童福利站进行裁撤,因卢作孚先生等社会知名人士和新闻舆论的大力呼吁才得以保留,并于同年8月恢复"北碚儿童福利实验区"名称和建制。①

---

① 重庆市北碚实验幼儿园:《重庆市北碚实验幼儿园志(1943—2012)》,西南师范大学出版社,2014,第23-48页。

第五章 二十世纪三四十年代声名远扬的北碚民众教育

　　战火纷飞的民国时期,穷苦大众占人口的绝大多数。普通民众的生计十分艰难,教育资源极度短缺,接受教育的机会极少。从二十世纪三十年代开始,卢作孚开拓性地在北碚展开多种类型和形式的乡村建设运动。他认为乡村建设"中心运动的是民众教育",躬身践行以"教育救国""启迪民众"为理念的乡村教育运动,产生了非常广泛的影响。同时,抗战时期"三千名流汇北碚",也为北碚的民众教育勃兴起到了积极推动作用。二十世纪三四十年代的北碚民众教育,实现了"昔日蛮荒之地,今日文明之乡"的巨变,成为当时国内民众教育的一个典范。

一、贴近峡区,服务广大民众的图书馆教育

1928年,卢作孚带领峡防局学生队趁夜拆毁北碚关帝庙泥像,于4月27日正式建成峡区图书馆,搜集、整理、收藏各类图书资料,所有图书资料向公众免费开放,同时安排专人指导民众阅览。1929年后,卢作孚还在邻近乡镇开设分馆,特设巡回书库,周游全区市街及乡间,按时送往借阅。1933年,峡区图书馆更名为"北碚民众图书馆"。1935年,馆内专设可容80人的阅览室,可供陈列120种报刊的阅报室。图书馆成立之初,墙上的标语很有意思:"图书馆是我们自由进出的学校。若要今年收成好,请到图书馆去看做庄稼的书。"[1]1945年11月,在北碚民众图书馆、民生公司图书馆(1926年设)、中国西部科学院图书馆(1930年设)基础上组建新的"北碚图书馆",并成立理事会,由晏阳初任理事长,张从吾任馆长,藏书达24万余册。图书馆事业的发展,为北碚地方文化教育和民众素质的提高做出了重大贡献。

---

[1] 赵晓玲:《卢作孚的梦想与实践》,四川人民出版社,2002,第66页。

20世纪30年代的北碚图书馆

二、中国西部博物馆致力于民众的科普知识传播

1943年7月,中国科学社(总社设于南京)等6个学术团体在北碚举行年会,共同发起筹备自然科学博物馆,18日设立中国西部科学博物馆筹备处。同年12月,中国西部科学院(于1930年创办)会同迁到北碚的中央研究院动物研究所、植物研究所、气象研究所、中央地质调查所等12个学术研究机关组成中国西部博物馆筹备委员会。经一年筹备,1944年12月25日,中国西部博物馆正式成立并于次日向公众开放,馆址设立于中国西部科学院惠宇楼,即后来重庆自然博物馆的前身,成为中国西部最早建立的自然科学博物馆之一。

中国西部科学院早期发展阶段便附设有公共博物馆,据记载仅在1936年至1937年,博物馆接待参观人数就超过北碚地区当时官方统计户籍人数的11倍之多,可见博物馆对北碚民众教育的广泛影响。抗战期间,中国西部博物馆发展成一座综合多个学科的自然科学博物馆,秉持"教育为本,科研优先,社会办馆"的传统,拥有丰富的社会化办馆经验及运营管理模式。馆内设立了地理、工矿、农林、生物、地质、医药卫生等六大展馆,大力弘扬了我国战时科研成就,并向广大民众传播和普及科学知识。致力科学研究及辅助民众教育是中国西部博物馆的主要工作目标,面向民众开放博物馆,用标本、图片、文字说明以及现场解说的方式普及自然科学知识,促使战时科普蔚然成风。据统计,从1944年12月开馆到1947年8月,共计开放827天,观众达160万多人次,平均日参观达1946人次。开馆期间总参观人数达36万人次,创当时博物馆参观人数之最[1]。

三、增强民众体育精神的嘉陵江运动会

1928年9月20日,卢作孚主持的北碚公共体育场建成,约五六十米长宽,1929年扩充至长100余米、宽60米,内有篮球、足球、网球和排球场,有田赛、径赛各种设备,有天桥、浪桥、秋千和单杠等器械,有跳高、跳远沙坑等设施,各种场地、设备、设施供民众任意使用。体育场经常组织民众进行娱乐、健身活动,培养和调动民众参与体育运动的积极性。[2]

---

[1] 徐玲:《战时的缪斯殿堂——中国西部博物馆》,《中国博物馆》,2010年第4期,第69页。

[2] 周永林、凌耀伦:《卢作孚追思录》,重庆出版社,2001,第549页。

1928年建成的北碚民众体育场

1929年4月22日,为在民众间造成更大影响,经过三个月的精心筹备,北碚民众体育场举行了首届现代运动会,这是一次举办规模超前的嘉陵江运动会,历时5天,共有1161名运动员参加,有田径赛、球类、团体操、游泳、划船、赛马、武术等运动项目,以及锄土、插秧、挑水、传瓦、爬树、踢毽、跳绳、坐凳等特殊运动项目。[1]此次嘉陵江运动会不仅宣扬了现代体育精神,还创造性地将农民、工人和儿童的一些日常活动与游戏也纳入比赛中来,起到了"开风气之先、拓宽民众视野"的效果。通过这种体育赛事的引入,在宣传现代体育项目的同时,进一步培养了普通民众的体育意识。

---

[1] 周永林、凌耀伦:《卢作孚追思录》,重庆出版社,2001,第550页。

四、提升民众体质的卫生健康教育

1929年,卢作孚创办了峡区地方医院,经过不断努力建设,从仅有一名医生、一间医疗室的简陋条件逐渐发展为可服务邻近几县民众的重要医疗中心。全面抗战爆发后,国立江苏医学院于1939年搬迁到北碚,其附属医院也在峡区地方医院开诊,并于1947年被命名为"北碚医院",是重庆市第九人民医院的前身。

从峡区地方医院到北碚医院,一直都在开展卫生防疫活动,向民众宣传和普及医疗保健卫生知识,免费为儿童接种牛痘疫苗,派人向孕妇普及产前卫生注意事项,举办婴幼儿和老人运动会等,促进了北碚民众科学预防疾病习惯的养成。

五、拓展民众视野的报刊广播电影教育

自1931年起,峡防局先后创办了《嘉陵江日报》《新生命画报》《工作周刊》《北碚月刊》《采集特刊》《演讲特刊》《区区》《哈哈》《二五》《峡影及朝阳》《乐园》《缙云》《农民周刊》《教育周刊》《教育园地》等多种报刊,通过报刊传播新知识与新文化,满足民众多形式了解现代生活的需要。内容有家长里短、身边趣事、比赛结果、声明启事等。

《北碚月刊》封面

峡防局还利用广播和幻灯等工具传播现代科学知识和生活常识,几乎涵盖了民众的所有生活领域。"有三种重要的材料:(一)是新知识的广播。凡现代国防的、交通的、产业的、文化种种的活动当中有了新纪录,机器或化学作用有了新发明,科学上有了新发现,必立刻广播到各机关,到各市场和乡间。(二)是新闻的广播。今天世界的、中国的、四川的乃至于三峡的消息,举凡大家应得知道的事件,米价、银价、今年的粮税额、下一次民众会场的节目、警察调查得的人口、医院发现的流行传染病、正待介绍职业的男女工人,到处的新闻简报必写出来,更必在人群集中的时候扼要报告。(三)是生活常识。要如何讲究卫生?要如何教子弟?要如何分工合作地做事?要如何处理银钱收入和支出?要如何解决公众的问题——何处应掘沟？何处应修路？一方面讲，一方面做，是这样促起现代生活的运动。"[1]

为了提升现场解说的通俗易懂性，卢作孚曾亲自来到平民俱乐部临场施教，他"手持传声筒……脚登一条长凳，两目望着挡布，口中不断的解释幻灯影里各时代底车和船等，中间的口吻不少传神处，故很能引人入胜"。当时，峡区的百姓还没有见过飞机。一次，卢作孚听说"航空公司的飞机，到成都要过北碚"，这是北碚破天荒的事，正是一个宣传现代交通的好机会。他特意"与航空公司约定，如果天晴到北碚时，低飞一匝"，并在头一天就通知北碚的百姓"明天请到运动场看飞机，看过后，还有人给你讲飞机"[2]。利用一切可以利用的资源和机会为北碚民众提供文化教育资源，成为那个时期北碚民众教育的一大特点。

六、民生公司开展的企业文化精神教育

1."教育救国"与"实业救国"相结合

卢作孚认为要救国，就必须发展文化教育事业，要发展文化教育事业，又必须首先兴办实业，只有有了实业，文化教育事业才有可靠的保障。卢作孚认为"中国的根本问题是人的训练"。所以，自1925年民生公司成立起，卢作孚即致

---

[1] 罗中福、李黄华、唐文光、罗成献、龙世和：《卢作孚文选》，西南师范大学出版社，1989年，第199—200页。
[2] 刘重来：《难能可贵的超前思考——试论卢作孚教育思想与实践》，《重庆社会科学》2001年第5期，第49—54页。

力于把公司办得像学校一样,高度重视对职工的智力投资和教育训练,把职工教育和打开航运局面放在同等重要的地位,提出了"企业即学校,且为最实际的学校"的观点,在近现代史上第一次创造性地把教育和实业、学校和企业紧密结合起来。1933年,卢作孚在《我们的要求和训练》一文里指出:"我们这样训练人,不是要求他们仅有一种自找饭吃的能力。自找饭吃还算是中国人优为的,还不算是中国当前的问题,普遍的缺乏——缺乏要求、缺乏习惯、缺乏能力——乃为如何帮助社会。因此乃要求他们都有能力帮助社会,在消极方面都能帮助社会排除灾害,在积极方面都能帮助社会创造福利。"[1]

2."民生精神"引领企业文化

1933年卢作孚正式提出"民生精神",要求青年必须高度重视精神改造,改正醉生梦死的生活,奋发蓬勃的朝气,革除苟且偷生的习性,打破自私自利的企图。民生公司的16字宗旨"服务社会,便利人群,开发产业,富强国家",既是引领民生公司发展的灵魂,也是职工教育中贯穿始终的信条。

事实上,民生公司不仅是一个经济企业,而且还是一个培养人和训练人的大学校。独特的"民生精神",造就了一种新思想、新风尚,它是爱国精神、集体精神、艰苦奋斗精神、实干创业精神的集中体现。

---

[1] 罗中福、李黄华、唐文光、罗成献、龙世和:《卢作孚文选》,西南师范大学出版社,1989,第152页。

3.文化教育与技术教育相结合

在卢作孚看来,近代中国发展之所以会落后于世界潮流,其中很重要的原因是缺乏技术人才尤其是企业管理人才。为此,民生公司建立图书馆、阅览室以及编写教材,设立文化学习班、业务学习班、技术学习班,组建职工读书会,邀请张澜、邹韬奋、马寅初、郭沫若等社会名流和进步人士向全体职工做专题演讲(这是当时任何一家公司所没有的),还选派一些能力突出的青年职工进入各种专业学校或者出国深造。要求所有青年职工必须进入"少年义勇队"接受训练。为普通职工和工人的家属办起了一个职工家属工业社,帮助他们学会一些劳动技能。船警训练班主要进行军事、劳动和航警技术的训练,包括游泳、爬竿、爬绳、打靶等,经过训练的船员,非但工作技能娴熟,且"无不良习气,做事又极勤勉,派用以后颇著成效"。文化教育与技术教育融合的举措,有助于减轻职工队伍中文盲率较高的现象,提升职工的文化素养和技能水平。

1936年卢作孚在民生公司骨干会议上讲话

4.体育锻炼与美育熏陶相结合

民生公司的职工教育训练班开设有体育课和音乐课,经常利用业余时间开展各种文化娱乐及体育活动,如组织职工歌咏队、游泳队、各种球队和短足旅行队等,卢作孚还设想在公司设立电影院、戏院等为职工谋福利。另外,公司设有医务组,平时为职工免费检查身体、接种牛痘、注射伤寒霍乱防疫针。职工的业余文化生活非常丰富,一方面身体素质获得了提升,另一方面也能够在艺术熏陶中达到素养的提高。

七、华西实验区的平民教育实践活动

1.华西实验区

1939年,中华平民教育促进会(以下简称"平教会")从长沙迁到重庆。1940年平教会在北碚歇马创立私立乡村建设育才院,设立有乡村教育系、农学,开始了战时的乡村建设活动。1946年建立"巴(县)璧(山)实验区",1948年更名为"华西实验区",实验区内依据地理、经济和人口等划分为若干学区。学区不但是教育推行单位,而且是经济组织单位,凡实验区计划中的一切经济建设事业,均以学区为单位,配合民教逐步推行,实现由组织教育到组织生产的转变。华西实验区自成立到1950年12月结束,共历时四年时间,其间在璧山、巴县、北碚等地均有过成绩显著的乡建实验。华西实验区被学术界誉为晏阳初在中国建立的最后一个"乡村建设实验基地"。与他的"定县实验"相比,华西实验区的乡村建设思想更加系统和成熟、实验的内容与范围更加丰富和广泛，对后来台湾地区的土地改革和菲律宾、加纳、哥伦比亚等国家的乡村改造运动的影响更为直接。

2.传习教育法的普及教育

卢作孚非常推崇华西实验区的传习教育法，认为传习教育是知识技能的总动员，因为享有知识是权利，传习知能是义务，享权利就应该尽义务，所以要实行人既以知传我，我即应以知能传于人的主张。因此，他提出"即知、即传、即建设"的口号。传习处范围一般为一个或两个甲的单位，实践中一般以人口多少为准。为完成教育活动，每个社学区内设置开设的传习处数平均为10处，每处招生人数一般在20至40人之间。传习教育法融汇了中华传统文化中推己及人的思想精华，即我从别处获得了知识，就有义务和责任向他人进行传授，你教我、我教他。在这种口耳相传、万众一心的努力之下，文化与教育普及的理想就会在时间的长河中慢慢实现，并终将民众改造成现代化的时代"新人"。

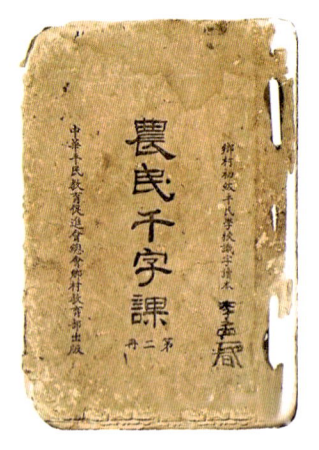

华西实验区的扫盲教材

八、北碚"小先生制"与民众扫盲教育

"小先生制"最早由著名教育家陶行知提出,倡导儿童一边当"学生",一边当"先生",以教人者教己,即知即传,即学即教。"小先生制"是陶行知在教学方法上的伟大创造,他认为孩子最好的老师是孩子队伍里最进步的那些孩子,因此他依据"即知即传人"的原则,主张小孩教小孩、小孩教大人。通过这种教学方式开展成人识字运动,既能解决扫盲教育中师资力量不足的困境,也可以促进儿童在传授过程中巩固所学知识。1936年嘉陵江三峡乡村建设实验区署制定的《实验区署各小学及义务校实行小先生教学条例》规定:"凡区属小学及义务校,均应于学生中组织少年团及儿童团,实施小先生教学是学校固定工作之一。"具体办法是:小先生在识字课时抄写《民众课本》去教失学成人,称为"小先生"。各保布置每甲组织一、二共学处,安排小先生教学。

第六章 中华人民共和国成立至改革开放前北碚教育的新生

北碚于1949年12月2日获得解放，随即成立中国人民解放军重庆市军事管制委员会北碚分会，接管旧政权。中华人民共和国成立后，在中国共产党的领导下的北碚各级各类教育，以较快的速度完成了对旧学校的接管和对旧教育的改造，在探索社会主义教育的道路上，获得了翻天覆地的新发展。1949年12月召开的第一次全国教育工作会议明确指出："在相当长的时期内以普及为主，除维持原有学校外，教育应着重为工农服务，学校要为工农子女和工农青年开门。"因此，中华人民共和国成立初期的各级各类教育，特别强调教育向工农开门，积极开展工农教育。为便利工农群众子女入学，各级政府特别注意在工业城市、工矿区和农村增办学校，并在经济上给予资助。该时期的教育，突出保障工农子女和工农干部受教育的机会，符合当时的现实，对教育服务经济建设意义重大。1951年10月1日公布的《关于改革学制的决定》，使我国的学校系统在新的政治经济基础上，以法令的形式明确建立起来，标志着人民教育走上了有计划、有系统地发展的新阶段。

一、幼儿园教育到乡镇，学前教育分科教学

中华人民共和国成立之初，教育事业百废待兴。1951年，教育部拟定新的学制，指出当时我国的教育主要分5类，分别为幼儿教育、初等教育（修业年限为5年）、中等教育（修业年限为6年，分初级、高级）、高等教育（大学和专门学院，修业年限为3—5年）、各级政治学校和政治训练班。这是中华人民共和国成立以来颁布实施的正式学制。教育部于20世纪50年代颁布并实施的《幼儿园暂行教学纲要（草案）》和《幼儿园教育工作指南》是指导该时期北碚学前教育工作开展的总纲。北碚学前教育在借鉴老解放区幼儿教育经验的基础上，全面学习苏联的学前教育模式。20世纪50年代，北碚幼儿园课程改革最显著的特点之一是学习苏联分科教育的经验，将学前教育课程分列为体育、语言、认识环境、图画手工、音乐、计算六科，实行分科教学和分科课程模式。

20世纪50年代初，北碚部分乡镇开始创办幼儿园。北碚实验幼儿园的前身系国民政府1943年在北碚创办的社会

部北碚儿童福利实验区下设的托儿所,属于其时北碚社会改造运动中的一个有机元素。1951年,更名为北碚市第一托儿所,地址设于北碚民众会堂对面半边街;1952年,川东行署撤销,在鱼塘湾另建校园,占地20亩;1953年,与北碚市第二托儿所合并,成立北碚托儿所;1965年,更名为北碚区机关托儿所。北碚实验幼儿园始终秉持"儿童福利、健康第一"的精神,转变教养方式,探索新的育儿模式,在理论和实践上都体现出一种敢为人先的实验精神。

1950年军代表接管社会部北碚儿童福利实验区

朝阳幼儿园始创于1938年3月,名为国立重庆师范学校第一附属小学——北碚小学附属幼稚园,园长由重庆师范学校第一附属小学校长朱镜坚兼任,地址设于北碚朝阳书院。1951年改北碚区朝阳小学幼稚园为北碚区朝阳小学幼儿园。1959年,为控制重点学校规模,将附属幼儿园从小学分离,独立设置为北碚区朝阳幼儿园。后经过更名、恢复、历史沉淀与改革洗礼,以"顺天致性、爱启未来"的办园理念,致力践行"爱的教育",朝阳幼儿园逐渐走上了高质量发展之路。

西南师范学院和西南农业学院于1952年创办的附属幼儿园自诞生伊始，就深深植根于大学深厚的文化土壤里，沐浴在大学自由、活跃、求真的氛围中。历经几十年的探索积淀，逐渐形成了以"嬉游教育"为核心的园本课程，秉持"嬉游格物，敏而致知"的课程理念，遵循"游戏精神、探究品质、审美体验、真情真知"的价值追求，构建了共同性课程、选择性课程和生成性活动相结合的课程结构模式，其核心是儿童发展。

20世纪50年代初川东行署机关幼儿园因行署机关撤销而转交北碚区教育科，由朝阳小学代管，成为朝阳小学附属幼儿园；"大跃进"时期转交天生街道，更名为北碚区新村幼儿园；1978年划转至北碚区商业局管理，成立北碚区商业职工幼儿园。

中华人民共和国成立之初的幼儿园、托儿所多起到看管孩子的作用，尤其是人民公社时期，妇女无暇照看小孩。这一时期，许多内迁厂矿都办有自管的幼儿园、托儿所，均有自己的专职教师与场地设备。

北碚幼童文艺表演

二、初等教育稳步发展,学校教育重视教改实验

1949年通过的《中国人民政治协商会议共同纲领》指出,要有计划有步骤地普及义务教育。从此,新中国的义务教育事业开启了全新的发展阶段。1958年,中共中央、国务院发布《关于教育事业管理权力下放问题的规定》,明确下放教育事业管理权,区域内中小学的举办由地方负责投入。同年,中共中央、国务院发布《关于教育工作的指示》,鼓励集体和群众办学,充分动员社会力量热情投入教育发展。这一时期北碚的初等教育主要经历了以下方面的变革、改造:其一,在中华人民共和国成立之初,对旧政权遗留下来的小学校,逐步进行整顿与改造,合理调整布局,充实、更新师资队伍;其二,实行苏联式教育学体系,强调以知识中心、以课堂教学为主的课程与教学制度,强调德智体全面发展、学校教育与劳动生产相结合的教育方针。

水土小学教师代表庆祝中华人民共和国成立

中华人民共和国成立初期到人民公社时期，各镇乡设有文教干事，主要负责全镇乡的文化教育工作，并间接与学校联系沟通。人民公社时期，教育工作由人民公社管理，人民公社可根据不同情况建立学校。中华人民共和国成立初期，尤为重视小学生教材重新编写和使用统一编写教材的工作。1951年2月14日，政务院文化教育委员会发布的《一九五一年出版工作计划大纲》规定："人民教育出版社开始重编中小学课本，并于本年内建立全国中小学课本由国家统一供应的基础。"其间，北碚也短暂试用过"五年一贯制"教材。1954至1957年，根据党中央决策，由教育部组织实施，选调全国200多位学科专家、一线名师和专业编辑，依托人民教育出版社这个教材建设专门机构，主要就中小学教学大纲、教科书、教学参考书进行了协同攻关，编写出版了新中国第一套统编教材。随后北碚的小学一律使用人民教育出版社的全国统一新编教材。20世纪50年代末期，部分镇乡增设了乡土教材。

自20世纪50年代开始，北碚的知名小学一直重视开展教育教学改革实验工作，并逐渐形成办学传统。1951年，时任朝阳小学校长陈兴让出席全国第一次初等教育会议后，开始改革旧的教育思想和方法，并于该年秋季在一年级两个班中进行小学五年一贯制的大改实验，取得预期效果。1955年，朝阳小学被重庆市政府确定为应首先办好的7所完全小学之一。1960年，按重庆市教育局的安排，朝阳小学再次开展五年一贯制与六年制的对比实验，并组织教师自己编制五年级语文、算术教材。1962年，朝阳小学被北碚文教科确定为应第一批办好的13所小型小学之一。1965年秋,朝阳小学开始实行五年制,每个年级4个班,共20个班。

抗美援朝时期的朝阳小学

这一时期,朝阳小学按照新中国的教育方针,注重学生德智体全面发展,注重遵循教育规律,因材施教。教师在教学中注重对学生进行行为习惯常规训练,注意加强基础知识教学和学生基本技能的训练,学生读、写、算能力有了较大提高,同时加强了卫生健康教育和生产劳动教育。

1959年朝阳小学剧团于北京演出并获奖

1950年,国立女子师范学院和四川省立教育学院合并建立西南师范学院,原女子师范学院附小改为西南师范学院九龙坡附属小学。西南师范学院迁至沙坪坝磁器口后，西南师范学院九龙坡附属小学更名为"西南师范学院附属小学校"。1952年，全国高等院系大调整，西南师范学院从沙坪坝磁器口迁往北碚。西南师范学院迁址北碚后，在天生街道（原北碚二中校址）新建西南师范学院附属小学。1952年，西南师范学院附属小学在北碚组建招生时，磁器口校区仍在办学。位于北碚的西南师范学院附属小学教师是由西南师范学院九龙坡附小、磁器口附小和川大附小的部分教师组成的。1960年起，时任西南师范学院附属小学校长杨洁梅组织开展景山教材实验，并与十二所教育部直属实验学校结成联盟。1984年7月，西南师范学院附属小学率先参与北京景山学校教改实验，实施小学五年制学制改革，启用北京景山学校语文教材，开启了北碚教学改革实验的先河。1985年，在西南师范学院附属小学召开了全国景山教材实验学校经验交流会。

西南师范学院附属小学教师到北京景山学校交流教改实验经验

20世纪50年代西南师范学院附属小学校舍

20世纪60年代,西南师范学院附属小学学生正在进行劳动教育

20世纪60年代,西南师范学院附属小学学生正在做课间操

三、中等教育服务建设急需,多形式办学声誉好

20世纪50年代初,北碚以较快速度完成了对旧学校的接管和旧教育的改造。为满足广大小学毕业生的升学要求,北碚又开办了实验中学、夏坝中学、文星中学、朝阳中学等

一大批中学。各中学积极践行《中国人民政治协商会议共同纲领》和全国教育大会精神,贯彻落实"教育必须为国家建设服务,学校必须为工农开门""教育与劳动相结合""德智体全面发展"的新民主主义教育方针和政策,极为重视劳动教育。各中学具体根据《中学暂行规程(草案)》(1952)进行办学,取消了公民课和童子军课,增加了时事政治课,在师生中进行"三反""五爱"教育,注重对中学生社会主义政治方向的树立、辩证唯物主义世界观和共产主义道德的培养,鼓励学生积极响应毛泽东主席"身体好、学习好、工作好"的号召,普遍开展争做"三好学生"活动,教育学生正确对待升学和参加劳动。北碚各中学还相继成立了中国新民主主义青年团(后改为中国共产主义青年团)、中国少年儿童队(后改为中国少年儿童先锋队)和学生会等群团组织。在教学上,北碚各中学强调教学要运用五个环节:组织教学、复习旧课、讲授新课、巩固新课和布置作业。贯彻五个原则:直观性原则、自觉性原则、巩固性原则、系统性原则和量力性原则。

20世纪50年代末,为适应社会主义建设,满足工农业生产需要,北碚各乡各公社大办农业中学、厂矿办子弟中学、街道办民办中学。而反右斗争、"大跃进"等运动的开展挫伤了一批学校干部和教师的积极性,扰乱了学校秩序,教育教学质量严重下降。1961年到1965年,在贯彻中央对国民经济实行"调整、巩固、充实、提高"方针中,北碚普通中学教育事业得到调整和巩固,取得了较好成绩,又重新走上了健康发展的轨道。根据1963年颁布的《全日制中学暂行工作条例(草案)》(简称"中教50条"),北碚各中学狠抓"双基",重视学生对基础知识和基本技能的学习、训练和掌握。强调语文、数学、外语等工具性学科的学习和教学,以使学生适应未来学习和工作的需要,同时非常重视生产劳动。基于此,学生的德、智、体等各方面均获得发展,学校的教育教学质量大大提高。据市教育行政部门考核记载,"文化大革命"前,北碚的中学教学质量位列重庆市前列。

1950年10月抗美援朝开始后,国内掀起了"抗美援朝,保家卫国"的风潮。为加强国防建设,国家号召和鼓励学生积极参加军事干部学校学习。北碚各中学学生也积极响应国家号召,踊跃报名参加军事干部学校。

1951年7月14日三峡中学教职员工欢送参加军干校的同学

1959年至1961年,三年困难时期,各中学办学经费很紧张,为节省开支,课桌椅、教室门窗和体育设施的维修等,都由师生自己动手。

西南师范学院附属中学陈洪校长（右二）在修理篮球架

根据国家教育政策和方针，北碚各中学非常重视体育运动。自1954年开始，北碚各中学推行"劳卫制"和广播体操，设军体委员，采用《体育教学大纲》，同时注意抓好课间操、眼保健操和课外体育锻炼，并建立了各种课外锻炼小组。从20世纪50年代开始，各中学每年举行一次运动会，大型学校还会举行春、秋季运动会，也有的学校举办自己的传统项目单项运动会，培养了周明朴、甘伟富、陈贵德、陈贵立等一批运动健将。

20世纪50年代，北碚各中学积极参加爱国卫生运动，坚持每天一次小扫除、每周一次大扫除的环境卫生制度，校园环境卫生都由校领导和师生共同完成，有的中学坚持一周一严查、一月一总结活动。在历年爱国卫生运动中，各中学学生组织卫生监督岗，同时还定期走向社会开展爱国卫生活动，受到群众好评。

西南师范学院附属中学原图书馆外景

1950年第一次全国工农教育会议修订通过《工农速成中学暂行实施办法》，在北碚人民政府开展对原有学校进行接管、整顿和改造的过程中，北碚中等专业学校和技工学校获得新发展。1951年，创办于1937年的立信会计专科学校，改名为北碚市财经技术学校，1954年结束办学。

四、工农群众教育贴近生活，群众学习积极性高涨

北碚解放以后，新成立的人民政府非常重视各行业工农群众的扫盲教育，在推动普及小学教育的同时，尤其重视农民教育工作。在充分吸收解放区扫盲教育成功经验的基础

上,结合北碚已有的实践探索,对扫盲教育进行了方式创新与改革。通过发挥人民群众的主体力量,有组织、有计划地推进扫盲教育。针对农事的季节规律,利用冬天人员集中、农事相对较少的空隙,全区开展以识字为重点的冬学扫盲教育。"运动战"形式的扫盲教育,破除了农民对文化学习的畏难心理,形成了那个年代特有的识字热潮。

农民参加扫盲学习

通过大规模社会动员开展的扫盲教育运动,北碚形成了独具特色的农民扫盲教育体系,广大农民群众在学习基本的读、写、算过程中进一步加深了对社会主义制度优越性的理性认识与情感认同。扫盲教育运动既实现了对农民群体的文化启蒙,也深化了对农民群体的政治启蒙,党的政策与方针获得了大范围的"入脑入心"。

1958年5月,北碚区做出决定,要求各中小学积极动员教师和学生投身于扫盲工作。扫盲教育呈现出"百花齐放"的繁荣景象,中国人民解放军西南军区模范文化教员祁建华创造的"速成识字法"获得了推广,北碚区不仅办起了农民识字俱乐部,还结合农业生产生活需要成立了各种科研小组。

面对百废待兴的社会经济发展需要,针对职工群体文化素质普遍偏低、技术技能水平不高的困境,按照党和政府关于大力举办多种形式职工教育的指示精神,在开展职工教育过程中,北碚区不仅注重学员的文化知识学习,还更加重视学员的思想政治教育。如区机关干部业余学校考虑到学员的工作实际情况,采取工学结合的方式,每周上课6小时,开设的科目有语文、数学、历史、地理4科,除了配有专职教师外,还有专职副校长一人,以加强学校的思想政治工作和教学业务领导。另外,有关部门还以技术教育的形式,不断提高职工的业务能力,培养了大批技术中坚力量。总之,职工教育能够有效提升学员的文化素质,十分有利于宣传和执行党的方针政策,对于快速恢复国民经济、巩固新政权有着重要的促进作用。

内容丰富的街头文化宣传

随着时间推移，职工教育制度不断完善。考虑到师资队伍建设是职工教育质量的核心保障，1959年，为培养和提高职工业余中学的师资力量，开办了职工业余中学教师进修学校，为各厂矿企业单位的业余中学培养骨干教师，教师进修学校的培养模式也是采取工学交替的方式，每隔一周的星期天在朝阳小学上课，让教师的工作生活和文化学习得到了兼顾。经过多年的努力，工学结合的职工教育让大批职工的文化素养得以提高，职工业余学校的数量也随之不断减少。

五、中等师范教育迎来生机，"中师文化精神"永传承

中国最早的中等师范学校是张謇于清光绪二十八年（1902）在江苏南通创办的私立通州师范学校（今南通师范高等专科学校）。在中国近代以来的师范教育发展过程中，相当长时期内的学前教育、小学教育师范生曾主要由中等师范学校培养。1949年，在中华人民共和国成立之前，四川省教育厅通令停办了省立北碚师范学校，省立川东师范学校也停止招生，师范生数量急剧减少，师范教育经费异常困难，北碚师范教育奄奄一息。中华人民共和国成立后，在党和人民政府的领导下，北碚师范教育迎来生机，发生了质的变化。

1.四川省重庆第一师范学校

1950年初，重庆市文教局及川东行署文教厅对重庆师范学校的布局进行了反复调整。重庆主城区的川东师范学

堂、四川省立第二女子师范学校、重庆市立师范学校3所师范学校先后合并,于1954年在北碚成立四川省重庆市师范学校,1958年更名为四川省重庆第一师范学校,同年开展了"教育革命"运动。这对学生联系实际培养独立工作能力虽有一定作用,但是教师和学生参加劳动过多,削弱了课堂教学中心和教师的主导作用,打乱了正常的教学秩序,系统的文化课和专业课学习受到相当大的影响。1960年,师范学校提出了"赶普高"的口号,全市师范学校一度举行过政治、语文、教育学、数学的统考,还搞过"出门一题""进门一题"应对统考。师范学校过分强调普通文化知识学习,盲目追求一般普中的做法,实际上削弱了师范学校的师范性并弱化了师范生的专业能力训练。直到1963年,师范学校的办学才重新走上面向小学、服务小学、突出师范特点的轨道。

1977年,根据重庆市基础教育发展需要,重庆市教育局决定在四川省重庆第一师范学校举办高师班,培养初中教师,暂时停止招收中师生。1977年底,通过全国高等学校招生统一考试,四川省重庆第一师范学校招收了语文教育、数学教育、物理教育三个高师班,共计142人;1978年,四川省重庆第一师范学校协同举办渝州大学师范部,招收中文、生物、化学3个专业,学生123人;1979年,招收生物、化学两个专业,学生95人。1981年,按照重庆市教育局的统一安排,四川省重庆第一师范学校停招普通高师班,接受了培养在职中学教师进修高等师范专科的任务,设语文、物理、化学、生物四科,学制两年,经考试择优录取。1983年,招收的最后一届高师学生毕业后,四川省重庆第一师范学校全部转为单一的中师办学体制。

1984年,四川省重庆第一师范学校全部改为中师体制,开始了稳定发展阶段。第一,加强教师队伍建设。鼓励和组织教师利用各种机会熟悉小学、研究小学,树立面向小学、为小学服务的观点;组织提高学历进修,组织教研活动、学术活动和经验交流活动,举办教育理论讲座,开展以老带新活动。第二,改革教学内容和方法方式。对各学科教学内容进行改革;教学上普遍重视启发性,重视能力培养;教学普遍使用电教手段。第三,加强了见习、实习。学校与9所市、区重点小学挂钩,作为定点实习场所。第四,积极开展课外活动,开设多个团、社、队、组,开展多学科、多层次、多形式的活动;实行经费、人员、时间、地点四落实;举办各种比赛、展览。第五,成立体卫委员会,加强体育卫生工作。坚持"两课、两操、两活动"制度,每月安排一次单项体育比赛,每年开展春季田径运动会。

20世纪70年代末,四川省重庆第一师范学校校门

四川省重庆第一师范学校十分重视对学生基础知识和专业技能的教育、训练和实习。在教学工作的整体结构上突破了传统的单一的课堂教学模式,实行以必修课为主,必修课、选修课、课外活动、教育实践四大板块有机结合的新教学模式。在保证必修课质量的基础上,组织了书法、口语、舞蹈、手工劳作、电教、自然教学法、计算机、生物技术、应用文、外语、音体美及教学法等课外活动小组。学校在改革教育、教学工作的同时,完成了国家下达的"中师培养目标""中师规程""中师评估""中师教育理论课程标准"等课题研究。许多教师积极撰写论文,编写或参与编写教材、教学参考书,锻炼出了一支高水平的教师队伍。学校通过编辑出版的《重庆一师通讯》与国内100余所中师院校建立了资料交流的联系,迎来了许多学者、专家的参观考察与指导。由于办学条件基本具备、办学方向端正、办学效益较高,1988年,四川省重庆第一师范学校受到原国家教委表彰。

2. 江北县师范学校

1949年,江北县利用中央大学柏溪分校的房子,创办了江北县师范学校,校长为王白坚。而后几经周折,于1961年停办。1972年,四川省教育厅决定恢复江北县师范学校办学,学校迁址静观桥亭街(原江北二中、今王朴中学校址)。1973年,根据相关要求,江北县师范学校课程设政治、教育学、语文、历史、地理、物理、化学、体育、音乐、美术等。从复校至1976年,学校生源为推荐、保送,毕业17个班560人,均为两年制中师班。1977年起恢复招生考试制度,高中毕业生报考入校的,学制2年;初中毕业生报考入校的,学制3年。

改革开放之初,初中毕业上中师,是不少优秀学生的选择,只有成绩优异的初中毕业生才能考入中等师范学校。中师生基础课学得非常扎实,"吹拉弹唱什么都行","老中师生"是"十八般武艺精通"。一专多能,全学科、全方位发展是中师培养最大的特色。从某种意义上说,中师教育是真正的全科教育,学校不分系,每一个学生都要学习能满足小学各科教学之需的课程,在基础教育领域大放异彩。

六、北碚开启高等教育发展新纪元

1949年12月23至31日,第一次全国教育工作会议在北京召开,会议明确了改革旧教育的方针、步骤和发展新教育的方向。钱俊瑞在会议的总结报告中提出:"以老解放区新教育经验为基础,吸收旧教育有用经验,借助苏联经验,建设新民主主义教育""对中国人办的私立学校,一般采取维持、加强领导、逐步改造的方针"[1]。1949年后,中共中央西南局和西南军政委员会依靠师生力量,对各类高等学校采取

---

[1] 李均:《中国高等教育政策史:1949—2009》,广东高等教育出版社,2014,第28页。

和平接管的方针和试行稳定、扶持的政策。因此,北碚区停办了条件不具备、经费拮据的勉仁文学院、私立相辉文法学院,世界佛学苑汉藏教理院也自行解体,北碚区协助妥善安排其师生去向。此外,北碚区解散中华平民教育促进会,接收其所属私立中国乡村建设学院,并于1950年改名为川东教育学院。

1950年6月召开的第一次全国高等教育会议上,院系调整和创办大量单科院校的议程成为主题,开启了全面学习苏联经验的先声。在院系调整过程中,效仿苏联高等学校的类型,以文理两大学科设综合大学,按其他若干门类分设专门学院。

1.西南师范学院

1950年10月,经中央人民政府批准,四川省立教育学院的教育、中文、外文、史地、数学等系与国立女子师范学院合并建立西南师范学院,校址位于重庆沙坪坝磁器口四川省立教育学院校内,并任命谢立惠担任西南师范学院院长。这标志着西南地区第一所新型的社会主义大学在重庆诞生了。此外,西南师范学院还接收了私立相辉文法学院、勉仁文学院与重庆大学体育系的部分师生。1952年9月21日开始,根据中共中央西南局和西南军政委员会的决定,西南师范学院全院师生员工陆续从九龙坡、磁器口、沙坪坝迁至北碚原川东行署机关所在地(现重庆市北碚区天生路2号),于10月10日正式在北碚新校址办学。

西南师范学院建校初期的大门（即原川东行署大门）

1950年和1951年开启的小范围院系调整，是1952年全国高校院系大调整的前奏，并为之积累了经验。1952年6月至9月，中央人民政府大规模调整了全国高等学校的院系设置，把1912年至1949年效仿英式、美式构建的高校体系改造成效仿苏联的高校体系。为响应政府号召，西南师范学院按照"以培养工业建设人才和师资为重点，发展专门学院与专科学校，整顿和加强综合性大学，逐步创办函授学校和夜大学，并在机构上为大量吸收工农成分入高等学校准备条件"[1]的方针，自1952年下半年开始进行了较大规模的院系调整。同年9月，西南师范学院成立了院系调整委员会，谢立惠担任主任委员，姚大非、方敬担任副主任委员。此次院系调整，四川大学的教育系、教育专修科、中文专修科、史地专修科，重庆大学的中文系、外语系，华西大学的数学系、生

---

[1] 中共中央文献研究室编《建国以来重要文献选编 第3册》，中央文献出版社，2011，第305页。

物系、外语系、音乐系,川东教育学院的教育行政系、中文系文艺组、生物化学系,西南工业专科学校和乐山技艺专科学校的部分师生先后并入西南师范学院。

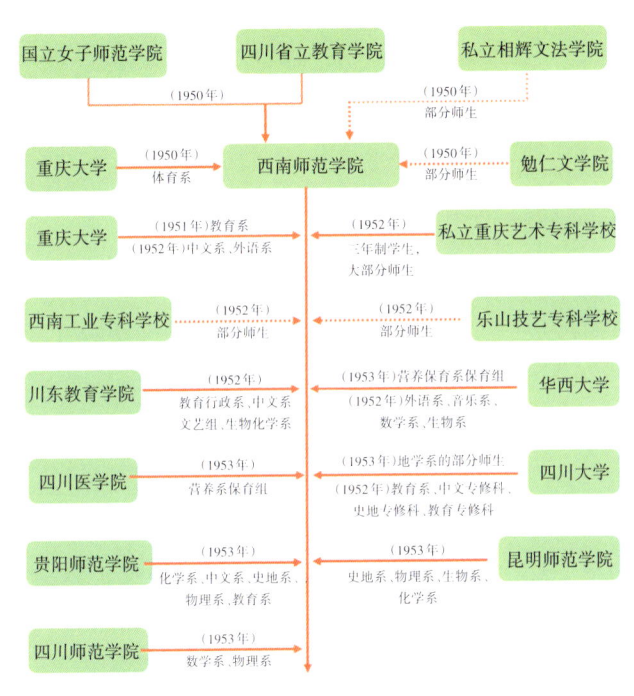

1950—1953年西南师范学院院系调整情况

来源单位	时间及并入系科
国立女子师范学院	(1950年)
四川省立教育学院	(1950年)
私立相辉文法学院	(1950年)部分师生
重庆大学	(1950年)体育系
勉仁文学院	(1950年)部分师生
重庆大学	(1951年)教育系 (1952年)中文系、外语系
私立重庆艺术专科学校	(1952年)三年制学生、大部分师生
西南工业专科学校	(1952年)部分师生
乐山技艺专科学校	(1952年)部分师生
川东教育学院	(1952年)教育行政系、中文系文艺组、生物化学系
华西大学	(1953年)营养保育系保育组 (1952年)外语系、音乐系、数学系、生物系
四川医学院	(1953年)营养系保育组
四川大学	(1953年)地学系的部分师生 (1952年)教育系、中文专修科、史地专修科、教育专修科
贵阳师范学院	(1953年)化学系、中文系、史地系、物理系、教育系
昆明师范学院	(1953年)史地系、物理系、生物系、化学系
四川师范学院	(1953年)数学系、物理系

经过这次院系调整,西南师范学院成为全国高等学校中规模最大、系科最多的院校之一,教职员工达到500多人,学生1670余人,并且拥有了一大批教学经验丰富、学术造诣深厚的知名专家学者。院系调整后,学院四级以上的教授有谢立惠、吴宓、郑兰华、叶麐、张敷荣、罗容梓、普施泽、方敬、郭豫才、李源澄、赵维藩、段调元、郭坚白、严栋开、张孝礼、施白南等,1956年又从其他高校调入和从中等学校聘请了盛

叙功、陈东原、苏葆桢、段虚谷等知名专家教授,[①]为学校教学科研的发展和学术水平的提高奠定了坚实的基础。他们为新中国优秀人才培养和开展高水平学术研究做出了重大贡献。

2.西南农学院

1949年以前,西南地区的农业学科的高等教育基础薄弱,系科设置分散,不利于培养专门的农业人才。中华人民共和国成立后,中共中央和中央人民政府非常重视发展农业生产和加强农业教育工作,认为十分有必要在西南区逐步建立一所综合性的农学院。1950年7月,西南军政委员会文教部考虑在原四川省立教育学院农艺系、园艺系、农产制造系的基础上建立西南农学院,随后私立华西协合大学农学系及私立相辉文法学院农学系相继并入。学院筹建之初,由时任西南文教部部长楚图南书写西南农学院校牌,并在沙坪坝磁器口四川省立教育学院设置临时办公场所。1950年9月,西南文教部确定位于北碚夏坝的私立相辉文法学院所在地为西南农学院院址。可是,位于夏坝的学院旧址面积过于狭小,且设备简陋,不能保证正常教学,因而西南农林部将位于北碚天生桥的农事实验场划给学院作为新校址,并于1954年迁入。

1952年10月,西南文教部下达《西南区高等学校院系调整师生员工调动办法》,并调叶谦吉到西南农学院任建校办事处主任。经1952及1953年院系调整,西南农学院先后调

[①] 黄蓉生、许增纮:《西南大学史(第二卷)》,西南师范大学出版社,2016,第12—13页。

入四川大学园艺系、蚕桑系、农业化学系、植物病虫害系等系，时任四川大学农业化学系教授的侯光炯因此调入西南农学院工作。此外，还调入了川北大学农业经济及乐山技艺专科学校蚕丝科，西昌技艺专科学校农艺、园艺、畜牧等三科，四川贸易专科学校茶叶专修科。同时，调出农产制造、森林、畜牧兽医三系。共设置了农学、园艺、植物保护、土壤农化、蚕桑、农业经济与组织6个系。经过院系调整，西南农学院集中了西南区大部分农科和农业经济管理学科的一流师资，教师增加到160多人（其中教授有33人、副教授有20人），吸引了一大批报考者，其中就有后来成为家蚕基因组计划的倡导者、组织者向仲怀院士。1954年，立志长大要从事与农学有关工作的向仲怀以优异成绩考入西南农学院蚕桑系，毕业后留校任教，为蚕桑系的发展做出了突出贡献。

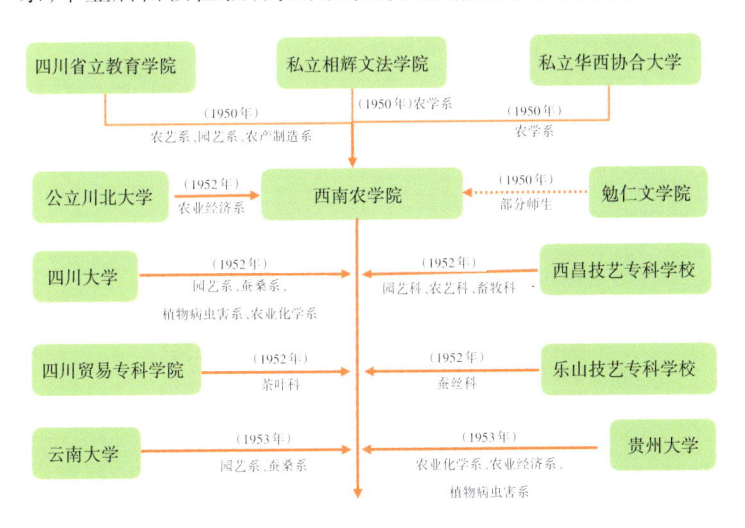

1950—1953年西南农学院院系调整情况

1956年4月，毛泽东提出对学习苏联的反思。他在《论十大关系》中批评了中华人民共和国成立以后学习苏联方面"一切照抄，机械搬运"的错误。为改变对苏联模式的盲目照搬，探索中国自己的教育之路，毛泽东于1958年5月发起了以勤工俭学、教育与生产劳动相结合为中心的"教育革命"。

西南农学院学生在农村开展教学活动

1958年5月西南农学院学生在嘉陵江边搬运白泡石

1958年12月,根据《关于改进农林大专学校教育的指示》,西南农学院将全院2521名师生分为重庆大队、宜宾大队、内江大队、达县大队、南充大队、留校大队下放到农村和本院农场,进行"教育革命",参加劳动锻炼。师生下放初期,以劳动锻炼改造思想为主,首先是参加农业生产,过好劳动关、生活关、群众关。教学以现场教学为主,实际是以生产为中心进行教学,强调课程结合生产、能者为师,因此课堂理论教学时间被大大缩减。1959年,学院开始纠正过去一些偏激的做法,不仅对下放到农村的学生采取半农半读的形式安排教学,还分批将下放到农村的学生调回学院,一面学习,一面参加校内生产劳动。[1]

3.四川外语学院

为更好地向苏联学习,急需培养大批俄语翻译人员。1950年3月,根据中央关于培养俄语干部的指示,西南军区决定组建俄文训练团,于1950年5月4日在重庆北温泉建立了中国人民解放军西南军事政治大学俄文训练团。1951年1月,中国人民解放军西南军事政治大学改建为中国人民解放军第二高级步兵学校,俄文训练团改为附设俄文大队,直属校部领导。俄文大队由邓小平、刘伯承、贺龙等老一辈无产阶级革命家一手创办,并选配教员,捐赠学习用书,贺龙元帅、刘华清将军、余秋里将军经常前往大队指导工作。他们的关怀极大地激发了全体师生的荣誉感和责任心。俄文

---

[1] 黄蓉生、许增纮:《西南大学史(第三卷)》,西南师范大学出版社,2016,第64—66页。

大队按照刘华清主任"要群起立志,学好俄文,迎接祖国建设的高潮"的要求,在极其艰苦的环境下为新中国培养了大批急需的俄语人才。

1953年5月,西南俄文专科学校正式成立。次年5月,为适应我国大规模经济建设和文化建设事业的发展,满足中等学校普遍开设外语课程的迫切需要和对外经济文化联系日益增多的需要,四川省人民委员会决定将西南俄文专科学校改为四川外语学院,设四年制俄语专业和英语专业,并陆续开设法语、德语专业。1963年5月,由于专业增多,招生人数扩大,校舍不足,经四川省高教局决定,暂借北碚歇马场农机校校舍,学校决定英语系(包括法德语专业)迁该址上课。同年9月,根据教育部计划,四川省决定成立重庆外国语学校,并于1965年3月将其划归四川外语学院领导、管理,改名为四川外语学院附属外国语学校,在石桥铺建校。学生从小学三年级招起,外语语种有俄语、英语,按教育部《关于开办外国语学校的通知》,四川外语学院被指定为接收外国语学校毕业生的十二所高等学校之一。

1965年12月,根据四川省高教局决定,四川外语学院在北碚文星湾原西南师范学院工农速中校址建校,北泉校舍作价转让给四川仪表总厂。次年1月,学院英语系全体师生从歇马场迁回北碚文星湾校址。1966年12月,学院北温泉三花石本部全部迁到北碚文星湾。1970年10月24日,根据四川省革委《关于西南师范学院、四川外语学院搬迁有关问题的通知》,四川外语学院从北碚文星湾迁至沙坪坝烈士墓原决定撤销的西南政法学院内,并于11月30日全部搬迁完毕。

四川外语学院北温泉校址校门

第七章 改革开放后北碚教育迎来春天

改革开放以来,"改革""普及""提高"成为北碚基础教育发展的重要主题,教育的战略地位不断提升,由"战略重点"到"战略首位"再到"优先发展",北碚教育迎来了高歌猛进的快速发展时期。普及九年义务教育和推动高等教育跨越式发展等,成为这一时期北碚教育发展所取得的突出成就。

一、北碚基础教育发展史上的里程碑——提前完成国家"两基"攻坚任务

中国共产党十一届三中全会召开后,中央提出了把有限的教育资源集中到少数学校和重点领域,集中力量培养急需人才的工作思路。北碚区教育委员会积极谋划在初等教育领域办好一批重点小学。北碚朝阳小学是1979年四川省教育厅要求重庆首批办好的五所重点小学之一。1985年《中共中央关于教育体制改革的决定》提出"实行九年制义务教育",初等教育被纳入义务教育阶段,要求在全国普及。20世纪80年代,根据原国家教委对基础教育的要求,学龄前儿童都要接受学前教育,为小学教育打好基础。在《城市幼儿园工作条例(试行草案)》(1979)和《幼儿园教育纲要(试行草案)》(1981)等文件的指导下,北碚的学前教育迅速发展。北碚各乡镇中心校纷纷在20世纪80年代末90年代初开设学前班,随后乡内各小学也陆续建立学前班,城市幼儿园的数量和规模也逐步扩大。在学校办园迅速发展的同时,民办

幼儿园也犹如雨后春笋般发展。

普及九年义务教育的目标提出后,北碚区根据这一规划采取了具体措施。其一,对乡镇小学进行以撤并、撤迁和搬迁三种形式进行布局调整,形成整体合理布局的规模办学模式,提高教学质量。其二,翻新校舍,改善教育硬件设施,各小学纷纷添置了体育器材、电教设备等,尤其是加强了对薄弱学校的改造工作。

在完成国家"两基"攻坚任务(基本实施九年义务教育和基本扫除青壮年文盲)过程中,北碚的基础教育取得了长足发展,不仅是重庆市唯一的国家首批基础教育课程改革实验区,还两度荣获全国"两基"工作先进区称号,并被授予"全国幼儿教育""全国电化教育""全国青少年科技教育"先进区等殊荣,为大力实施"科教兴渝"战略、加快推进教育事业发展做出了积极贡献。

1996年9月,四川省政府和重庆市政府"两基普实"检查团对北碚区进行检查验收,宣布北碚区"两基普实"工作达到国家、省市要求。2007年7月27日,重庆市"两基"迎国检重点督查组对北碚区"两基"迎国检工作情况进行了重点督查。督查组对北碚区的迎检工作给予了较高评价:北碚区委、区政府高度重视"两基"工作,迎国检工作启动早、氛围浓,"两基"工作验收早、水平高,建立了"以区为主"的教育管理体制,创新性地建立了以强带弱的捆绑式发展机制,教育理念、办学目标、课程改革、减负提质、素质教育等方面成绩突出,特色明显。21世纪头十年,全面实现了九年义务教育,教育法制不断完善,基础教育办学愈加规范。北碚区率先完成国家"两基"攻坚任务。

二、基层组织体系完备,内容和形式丰富的成人文化教育大发展

拨乱反正的时代新风伴随着改革开放的伟大决策,吹进了神州大地的千家万户。物质生活上迎来了翻天覆地的变革,人民群众更是以饱满的热情投入改革发展的浪潮。为了化解人才断层难题以及满足成年人工作和生活需求,推动成人教育体制机制的持续完善以及教育内容、教育方式的不断丰富,比如一度中断的扫盲教育运行也在新形势下焕发出勃勃生机,而且实现了由之前的单纯注重扫除文字盲,到结合农民生产生活需要进行功能性扫盲的转变,职工教育也在风生水起地大踏步发展。另外,以函授、电大为代表的成人学历教育也取得了跨越式发展,成为国民教育体系的重要组成部分。

1.农民扫盲教育率先完成,成为脱盲"先进区"

北碚区在认真执行相关政策基础上恢复扫盲工作。1979年,按当时的扫盲标准(非文盲人数达85%以上为基本无文盲)鉴定,北碚基本扫清了农村青壮年文盲。北碚的农民扫盲工作得益于基础扎实、统筹推进和方式多元,走在重庆市农民扫盲工作的前列。

随着扫盲工作的纵深推进,制度建设也进一步完善。从

1984年起，全区各乡镇配备1至2名农村成人教育专职干部，各镇级农村成人文化技术学校的主要负责人由镇党委或政府分管教育工作的领导担任；各村级成人文化技术学校由党支部书记或村长担任。领导有方、组织得力带来的是扫盲工作成绩显著。1986年，歇马镇农民文化技术学校被定为重庆市首批办好的基点镇农民文化技术学校；1988年，被评为四川省首批基点镇农民文化技术学校（全市共4所）。同年2月，国务院颁布《扫除文盲工作条例》，规定基本扫除文盲的单位要继续清扫剩余文盲，使农村15至40周岁人口中的非文盲率达到95%以上。区政府结合实际，组织学习与宣传《扫除文盲工作条例》并召开扫盲会议，编写扫盲板报，通过与教育、农业、科协、妇联、共青团等部门的配合，扫除青壮年剩余文盲。1991年2月，重庆市政府对北碚区等8个扫盲教育先进区及北碚区8位先进个人进行通报表彰。1996年，北碚区通过高标准扫盲，获全国基本普及九年义务教育基本扫除青壮年文盲先进单位，是当时重庆市第一个获得此殊荣的先进单位。[1]

进入新世纪后，扫盲工作虽然进入收尾阶段，但是发展态势依旧迅猛，取得的成绩也充分得到各方的积极认同。2000年1月，市政府召开教育工作表彰会，区教委、澄江镇人民政府获重庆市扫除文盲工作先进集体。2001年，全区青壮年非文盲率为99.72%，脱盲学员巩固率在99%以上。

---

[1] 重庆市北碚区地方志编纂委员会编《重庆市北碚区志：1986—2005》，西南师范大学出版社，2021，第1011页。

2001年12月,北碚区圆满完成农村青壮年剩余文盲脱盲工作任务。[1]

2.农民实用技术教育,助推农业特色发展

为了提升农民的科技文化素养,1979年开始举办区、社两级农业技术学校,每年办1期,每期招学员1000人,对公社、大队、生产队农技人员进行培训。正是由于北碚农民教育的出色表现,1980年,区文教局工农教育股股长岳克明被评为四川省工农教育先进工作者。农民文化技术教育的重要性愈发凸显,出于对农民教育进行更好的规范和指导的目的,1981年每个小教学区设专职工农教育视导员一人,专门负责农民教育。

到1981年,全区共有12个乡,81个村开展了农民文化技术教育,有乡办农技校9所,村办文化班12个,村办农技班40个,季节性的短训班91个,参加学习的学员总计9691人,受教育的农民占农民总数的10%。举办各种技术讲座计153期,参加听讲的有1.8万人次。农民文化技术教育的覆盖面获得了进一步的提升,农技指导、农业知识科普等事关农民生存发展的知识技能得到了极大普及。

农民文化技术教育在学习内容上从单一的学文化或农业发展到政治、技术、文化三结合,各级校、班开设了20多个专业,初步形成了初、中等农民文化技术教育体系。1985年,中央农业广播学校北碚分校开设了27个班;有乡办农民

---
[1] 重庆市北碚区地方志编纂委员会编《重庆市北碚区志:1986—2005》,西南师范大学出版社,2021,第1011页。

文化技术学校13所,15个班;村办农民技术班73个,学习人数2747人,村办文化班3个。全区开办专业技术短训班114个,培训农民共计7738人。乡镇企业等20多个单位举办各类农校,学习的农民达1.2万余人,约占全区农民总劳力的13%。到1985年,全区各级各类农校共培养毕业、结业学员8107人,其中经考核取得技术职称的有35人,被区、乡招聘为干部的有31人,担任了乡镇企业厂、场(队)领导的有118人,担任各种初级技术员和企业管理人员的有301人。

1988年,原国家教委部署实施"燎原计划",旨在推进农村教育改革发展,促进农村经济发展与社会进步。它是为"星火计划""丰收计划"的推行培养农技人才,奠定发展基础的计划。北碚区按照国家有关政策要求,开展思想政治教育、文化教育与科学技术教育,重视实用技术培训,促进农业科技成果的推广与运用。1991至1999年,依托各级各类成人(业余)学校开展各种技术培训1600余期,累计培训农民13万余人次,培养出一大批示范户、专业户,培育出一批优良品种、瓜果基地,如:澄江镇的"西瓜无籽液"、"百丰六号"优质礼品西瓜、"鲁梅克斯"青饲料、肉鸽养殖等;龙凤桥镇的333.3公顷无公害蔬菜;东阳镇的大棚时令菜;复兴镇的流水养殖"长江大口鲇鱼"、"江团"与"美国叉尾鱼"等名特优良、经济价值高的鱼类品种;静观镇的柑橘基地;三圣镇的"香精树"种植与"小尾寒羊"养殖等特色农业。[①]

[①] 重庆市北碚区地方志编纂委员会编《重庆市北碚区志:1986—2005》,西南师范大学出版社,2021,第1011—1012页。

3.补偿性职工教育,促进职工新就业

改革开放之初,国民经济恢复发展经过了艰难的探索阶段,尤其是职工干部队伍的文化技术水平严重滞后于经济建设的需求。对职工干部队伍进行必要的文化补习、技术提升以及管理能力升级,已经成为迫在眉睫的重要事宜。文化学习与技能提升是职工教育的"双驾马车",补习文化是技术教育的基础,技术教育又是为了解决职工工作中的问题,用学有所获、学有所用的方式激发学员的积极主动性。

1980年全区参加学习的职工有3044人,同时,区文教局和区工会举办了一期业余师资训练班,为基层单位培训了32名教师。1981年在朝阳、天生地区开办了一所地区性职工联校,第一学期办了13个班,第二学期发展为22个班,开设了语文、数学、英语、物理、中专美术、机械制图、应用写作、商业会计、工业会计等8个专业单科,实现文化教育与技术教育的统筹。之后又在歇马、东阳、澄江3个地区各办了一所职工联校。

根据教育部和有关部门的规定,从1982年起,北碚区各厂矿、企业、机关、学校对其职工中的"双补"对象,开办了各种形式的业余文化、技术补习班,以提高其文化、技术水平,定期参加四川省规定的统一补课考试。1983年,全区职工参加文化补课的有4442人,参加技术补课的有3599人。经过"双补",文化补课考试合格者2452人,占补课总人数的55.2%;技术补课合格者2779人,占补课总人数的77.2%。

经过不断努力,1983年,全区职工中小学在学人数共计

5031人,其中高中班588人,初中班489人,小学班33人,短期技术学习3921人。各级各类学校累计毕业3449人(含电大毕业128人)。参加各种形式学习的共10000余人,约占全区职工总数(20750人)的52%(未计市属厂矿)。职工教育风生水起的局面已然初步形成,在经济建设的热浪中,大批文化素质较高、技术水平过硬的职工队伍成了支撑北碚快速发展的人才力量。

插上文化与技术的翅膀,北碚职工队伍在数量和质量上都呈现出一片繁荣发展的景象。从1982年至1985年,由区教育局组织统一的文化补课考试共7次,累计文化补课考试及格者4700多人,约占文化补课人数的72%。1985年春,北碚民建、区工商联财经学校成立,开办工、商、行政财务人员培训班。据1985年的统计数据,全区有广播中专班2个,在读学员103人,较大的职工业余学校17所,计45班,学员2311人,技术班15个,学员715人。[1]

4. 成人学历教育蓬勃发展,助推文化区新发展

随着经济建设步伐加快,社会需要大批专门人才,但是已有高等教育形式难以满足社会需求。在这种背景下,1981年国务院正式批复建立高等教育自学考试制度。北碚区在1984年开始实施高等教育自学考试。1986年恢复成人高考,成人高等教育的覆盖范围得到了进一步扩大。

---

[1] 重庆市北碚区地方志编纂委员会编《重庆市北碚区志》,科学技术文献出版社重庆分社,1989年,第423页。

(1)北碚区成人教育培训中心

为了加强对各类成人高等教育的统筹与管理,1999年4月,北碚区成人教育培训中心成立,原北碚区职工业余大学、北碚区电大工作站的人、财、物并入北碚区成人教育培训中心统一管理,成人高等教育管理逐步走向正规化。2005年,北碚区成人教育培训中心与北碚区教师进修学校合署办公,实现了教育资源整合。目前,北碚电大教育持续发展,为北碚经济社会发展培养了一大批人才。

(2)西南农业大学北碚夜大站

西南农业大学北碚夜大站创办于1994年5月,教职工25人,是西南农业大学在北碚的一个校外办学点,由西南农业大学成人教育学院与重庆自修学院北碚辅导站联合办学。开设财会、现代经济管理、金融与保险等专业班。至2003年,共有275名大学专科毕业生,每年毕业率在95%以上。夜大管理得比较规范和严格,坚持对学生的出勤率进行考查,必须达到85%以上,作业必须按时全交。同时,开展争创"优秀班集体""优秀学生"活动,严把考试关,保证办学质量。分别在1998年与2000年两次获西南农业大学优秀夜大站荣誉,并在2001年被重庆市教委评为市优秀夜大站。

(3)重庆市北碚区嘉陵学校

重庆市北碚区嘉陵学校系由北碚区政府牵头,在1983年9月会同区民革、民盟、民建、农工等4个民主党派联合创办,经过多次易址改名,2001年9月更名为重庆市北碚区嘉陵学校,学校存续时间至2005年。1993年开设成人高中班;1994年与重庆市科技进修大学西师分部联合开办大专预科班,招收初中毕业生,学制1年;1997年与西南师范大学商学系(旅游学院)联合办学,招收初中毕业生,学制2年。学校校长和教师实行聘任制,23名教师均是各中学的骨干教师。1986至2003年,累计在校生2442人,升入各高等院校1193人。

(4)北碚区工会职工学校

1981年3月,北碚区工会职工学校成立。1991年,区工会职工学校举办成人高考,补习文化培训班14个,学员721人,电工技术培训班3期120人。1997年,区总工会与二野军政大学校史研究会签订联合办学协议,实行董事会领导下的校长负责制,学校经费自收自支,自负盈亏,独立核算。1998至2000年,区总工会职工学校举办大专预科班与中专班,共培训1400余人。2001年9月开办计算机培训,至2002年共培训职工4800余人,区职工学校电脑培训获全国微软授权,是全区唯一的ATC培训中心。2004年,获"全国总工会职工培训示范点"称号。

(5)重庆广播电视大学北碚财经职业学校教学部

1992年1月,民建北碚区委受重庆广播电视大学委托,承办电视大专班与电视中专班教学业务,机构命名为重庆广播电视大学北碚财经职业学校教学部。大专班与中专班各开设财务会计、会计与统计、工商企业管理、计算机设计等专业,共10多个班级,累计招收400余名学生,其中252人获国家承认学历的大专毕业文凭与中专毕业文凭。1998年、1999年举办成人高中班,入学61人,有57名学生获国家承认学历的成人高中毕业文凭,学校推荐全部安排就业。后学校因受高等院校历年扩大招生的影响,生源逐渐枯竭,在完成2520名学生的教学任务后于2000年停办。①

三、教科研引领基础教育跃上新台阶,授牌"基础教育改革国家级实验区"

得益于悠久的历史和各级各类教育机构的聚集,北碚是重庆市具有丰厚积淀的文化教育名区。"作为重庆市唯一的首批国家级基础教育课程改革实验区,自2001年起,北碚在经历了课改的试点开展、整体实施和初步构建起其整体运行机制、取得阶段性成效的基础上,将其触角不断伸向教育改革和发展的新层面,以课程文化为引领,直指区域特色学校建设和义务教育的均衡发展。"②此时期,北碚基础教育取得了一些阶段性成果,包括全国"两基"工作先进区,"全国幼儿教育先进区""全国电化教育先进区""全国青少年科技教育先进区"等多项殊荣。

---

① 重庆市北碚区地方志编纂委员会编《重庆市北碚区志:1986—2005》,西南师范大学出版社,2021,第1013页。
② 罗志惠:《向纵深领域推进的基础教育课程改革》,《今日教育》,2010年第1期,第21—22页。

重庆市北碚区教师进修学院

重庆市北碚区教师进修学院始建于1956年,是四川省首批备案的教师进修学校。依托北碚国家基础教育课程改革实验区,学校加强教师队伍建设,打造区域研训文化,提升教师课程实践能力,成为区域基础教育改革的核心组成部分,2002年获得"重庆市示范教师进修学校"称号。2004年6月,区教委将教师进修学校、电教馆和成人教育中心三个单位正式合并,实现了教育资源的整合与发展,历经"创院、建院、评院、成院"四个阶段。2005年12月,重庆市北碚区教师进修学院正式成立。这一时期,学院秉持"教师是学校发展的第一硬件"的办学理念,坚持"浇根式、改善型"教师行动研修,着力探索区域教师专业发展"研训合一"新机制。学院集教研科研、师训干训、信息技术、学历教育、社区教育等功能于一体,是中小学教育研究、指导、服务与业务管理机构,在课程改革、教师研训、教育评价等方面大胆创新,引领区域教科研工作,促进了区域教育高质量发展。[1]

---

[1]《北碚区教师进修学院简介》,《北碚报》2016年11月8日,第4版。

教科研是基础教育教学成果推广、教师队伍建设以及基础教育持续发展的重要抓手。依托西南大学、重庆师范大学初等教育学院等高等教育机构，北碚区基础教育学校开展了丰富的校地合作研训活动，推进了区域基础教育科学决策和现代化发展。

四、两所高教名校合并组建部属新大学——西南大学

缙云山麓、嘉陵江畔，有两所高校同根同源、比邻而居。这两所著名高校有着相似的命运和发展轨迹，对我国人才培养、科学研究、社会服务、文化传承创新等都做出了重大贡献。

2005年7月12日，教育部下发《关于西南师范大学、西南农业大学合并组建西南大学的决定》，同意西南师范大学、西南农业大学合并组建西南大学，同时撤销原两校建制。西南大学为教育部直属学校。

西南农业大学、西南师范大学合作办学签字仪式

2001年，在新的西南农业大学成立大会上，
时任党委书记华鹏、时任校长向仲怀等参加授牌仪式

2005年7月17日上午10时，万众瞩目的西南大学成立大会在西南师大音乐学院演奏厅隆重举行，大会由黄奇帆主持。教育部原党组书记、部长周济在成立大会上发表了重要讲话，充分肯定了组建西南大学的意义。他指出，实现两校实质性合并，组建西南大学，符合高等教育改革发展的必然趋势，顺应科学技术发展的潮流，有利于实现学科的调整和互补，发挥教师教育与农业科学等多学科交叉、综合的优势，为学科进一步发展构建更为广阔的平台；有利于培养21世纪知识经济时代需要的具有创新精神和实践能力的高素质人才，促使学校的教育质量、办学水平稳步提高；有利于解决西部特别是西南地区的农村基础教育、"三农"问题，全面提升重庆高等教育的实力和水平，为重庆的经济建设和社会发展提供更加强大的教育、知识和科技支撑，促使早日实

现富民兴渝、建设长江上游经济中心的宏伟目标。①

2005年7月17日,教育部原党组书记、部长周济(中),中共重庆市委原书记黄镇东(右二),中共重庆市委原常委黄奇帆(右一)为西南大学揭牌

西南大学的成功组建,完成了几代人的夙愿。既得益于国家高等教育发展的大好形势,又得益于组成西南大学的两所高校比邻而居、同根同源,可谓"顺天时,占地利,得人和"。西南大学的成功组建,预示着北碚高等教育站在了新的历史起点,正昂首阔步向前迈进!

五、建设统筹城乡国家实验区,城乡教育融合发展一体化

重庆市二元结构矛盾突出,集大城市、大农村、大山区、大库区与民族地区于一体是重庆市的基本市情。为实现大

---

① 黄蓉生、许增纮:《西南大学史(第四卷)》,西南师范大学出版社,2016,第13—14页。

城市带动大农村、推动城乡经济社会一体化发展,加快建设成为西部地区的重要增长极、长江上游地区的经济中心、内陆地区的开放高地,2007年6月,重庆市直辖10周年前夕,被正式批准成为全国统筹城乡综合配套改革试验区,是国家首次批准在西部地区设立的试验区,也是全国唯一一个以省为单位的改革试验区。

统筹城乡综合配套改革试验区的设立为推进重庆城乡社会经济、产业布局、生态环境、文化生活、空间景观、公共服务等方面的一体化创建了平台,更为实现城乡教育的融合发展提供了可能。在统筹城乡综合配套改革试验区的支撑与引导下,重庆市成立了统筹城乡教育综合配套改革试验区。北碚区教委结合区域特点,以城乡教育"捆绑发展"为核心,以城乡师资统筹为重点,将统筹城乡教育发展细化为六个方面的具体工作,着力"放大"优质教育功效,带动薄弱学校建设,做了大量细致工作。通过一些切实可行的统筹办法和均衡举措,北碚教育加快实现"学校建设规模化、办学条件标准化、学校管理规范化、教育质量优质化",努力实现城乡教育一体化、区域内义务教育发展均衡化,不断提高义务教育质量和办学效益。[①]

[①] 罗志惠:《"六统筹"着力促均衡》,《今日教育》,2008年第5期,第20—21页。

第八章 北碚教育迈入全面建设中国特色社会主义新时代

党的十八大以来,以习近平同志为核心的党中央高度重视教育事业,把教育摆在优先发展的战略位置,将教育公平和质量提升作为教育高质量改革发展的主要目标。进入新时代,全面贯彻党的教育方针,落实"立德树人"根本任务,"办人民满意的高质量教育","优质均衡"成为北碚各级各类教育努力的方向。2013年12月,北碚区被认定为国家中小学教育质量综合评价改革实验区;2015年12月,被国务院督导委员会授予"国家义务教育发展基本均衡区";2016年6月,荣获重庆市首届教育综合改革试点成果二等奖;2018年3月,荣获重庆市中小学研学旅行先进区县;2018年12月,北碚区5个项目获国家级教学成果奖;2019年12月,义务教育发展基本均衡区通过国家级复查验收;2020年12月,被评为"基础教育国家级优秀教学成果推广应用示范区"。

一、学前教育:普惠办园体系全覆盖,祖国花朵精心育

人生百年,立于幼学。改革开放以来,北碚学前教育取得跨越式发展。北碚是全国幼教先进工作区,当前正努力创建国家学前教育普及普惠区。按照学前教育公益性、普惠性原则,坚持政府主导、社会参与、公办民办并举的办园体制,北碚区相继出台一系列规范性文件,并逐步增加学前教育经费投入,着力实施"学前教育三年行动计划"工程,加快推进配套小区和农村地区幼儿园建设,持续加强片区教研等工作,多渠道、多形式扩大了全区示范园、优质园覆盖面,促进全区幼儿园均衡优质发展,提升了全区学前教育普惠程度。据统计,截至2022年底,北碚区共有学前教育学校146所,在园儿童约2.12万人。

北碚加快学前教育发展的政策措施力度前所未有。尤其是党的十八大以来,围绕"入园难""入园贵",着力构建以普惠性资源为主体的办园体系。在构建普惠性幼儿园体系

过程中,重点工作聚焦在三个关键环节。

一是强化保障,巩固普惠保有量。每年安排专项资金1000余万元,根据幼儿园幼儿人数、缺编教师数等情况对公办普惠幼儿园进行补助。出台《北碚区普惠性民办幼儿园管理办法》,强力保障落实民办普惠幼儿园收费标准、生均公用经费补助、小区配套普惠性民办幼儿园一次性专项补助等优惠政策。将所有普惠幼儿园纳入学前教育优质联盟进行帮扶,提升普惠幼儿园举办积极性。普惠幼儿园数量及普惠率占比均保持平稳增长的势头。

二是注重提升,确保普惠含金量。每年坚持开展规范办园、招生收费、周边环境、年检等督导检查,强力规范办园行为。实施"五大幼教联盟"集团化优质发展、名师工作室、联片教研、语言教学基本功竞赛等质量提升项目,不断提升幼儿园保教保育水平。鼓励并积极主动指导普惠幼儿园改善办园条件,提升办园等级并实施动态管理。

三是积极建设,提升教师队伍质量。北碚区深入开展学前教育连片教研、名师引领、专业竞赛及体系化培训,"四轮驱动"加强教师队伍建设,促进学前教育优质健康发展。深入实施区级、片区级和街镇级立体化、交互式教研联动机制,教师专业能力明显提升;通过"C-R(聚合—辐射)"模式汇聚西南大学等高校教师资源组成专家团,辐射带动学前教育名师工作室、骨干教师成长成才;常态化开展教师备课说课、主题墙创设、区角活动组织及教师基本功等业务竞赛活动,以赛促质、以赛带训,全面提高学前教育保教质量;近年来开展学科通识培训、农村幼儿园保教能力培训、保育员岗位技能培训、园长任职资格培训、乡镇幼儿园教师核心能力培训等区级培训多次,分层次、分梯度培训学前教育教师,培训覆盖率达100%。截至2022年9月,全区实现了广大适龄幼儿"有园上""上好园""园最近"的学前教育条件保障。

二、基础教育:"五育"并举育英才,教育均衡优质显实效

21世纪以来,尤其是党的十九大以来,北碚区高度重视学生综合素质的提升,坚持培养有道德、善思考、会健体、懂艺术、爱劳动的德智体美劳全面发展的社会主义事业建设者和接班人。2020年,北碚区被教育部评为"基础教育国家级优秀教学成果推广应用示范区"。

1."五育"并举,打通素质育人全渠道

在德育方面,着力打造德育品牌,培养品行优良的传承者。在研学旅行、心理健康教育、家校共育、读书活动、德育队伍建设等方面形成了较为有特色的德育品牌,德育工作成效明显,获评重庆市德育品牌4个。实验小学充分发挥家长在教育中的重要作用,开展了"家长义工进课堂"宣讲活动,借助家长资源和优势,拓宽学生学习视野。朝阳小学《以家长义工为载体的家校共育立德树人教育方法与教育途径实践研究》被教育部评为全国中小学德育工作典型案例。

朝阳小学家长义工给全校家长做家风家训培训

在智育方面开启了综合化的课程改革。在课程建设上，北碚区立足学生发展核心素养，遵循教育规律和人才成长规律，建设园本、校本活动课程，打造义务教育校本课程，加强学生思维训练和能力培养，助推教育教学取得丰富成果。2017年、2021年，北碚区分获重庆市政府教学成果奖12项、21项；2018年，获国家基础教育成果奖3项，其中基础教育国家级教学成果奖一等奖2项；2021年，在国家级"基础教育精品课"遴选活动中，北碚区有9节课入选部级精品课，入选率名列全市前列。北碚区教育教学成果的获奖数量和等次在全市各区县中排名第一。

在体育方面，出台《加强学校体育工作五年行动计划》和《中小学生身体素质提升工程第一期三年行动计划》等文件，对体育工作做了科学规划和安排。开发学校体育特色课程，目前有市级及以上各类体育特色学校25所。实施学生体质健康提升项目，有效提升学生肺活量。坚持实施寄宿制学校早操制度、义务教育阶段体育家庭作业制度等，每年开展综合性学生运动会、远足活动、长跑月活动等大型普及性体育活动。

在美育方面,着力创建学校美育特色品牌。全区坚持举办中小学艺术月、新年音乐会,坚持开展高雅艺术进校园、戏曲进校园等艺术活动,提升学生艺术修养和审美水平。扎实推进重庆市美育改革与发展实验区工作,开展"统筹城乡馆校联动大美育"实验。建立四大美育联盟,涌现出中山路小学"大美卢作孚"等学校美育特色品牌。

在劳动教育方面,出台有关通知,指导学校落实关于开展劳动教育的要求。各校积极开设劳动教育校本课程,组织学生参与校园卫生保洁和绿化美化工作,给学生布置洗碗、洗衣、扫地、整理等力所能及的家务劳动作业,培养学生的基本劳动能力和兴趣,磨炼学生的意志品质,激发学生的创造力。

2.推动义务教育均衡发展

首先,北碚区基础教育课程改革将推进义务教育均衡发展作为重要目标。在整体实施课程改革中,将农村学校课程改革作为重中之重,并在全区范围内推行"连片教研"。将全区义务教育阶段学校按城乡、强弱搭配,划分为10个教研片。在形式上,以课例研修为基本载体,开展"一课多研"和"同课异构",以"送课、看课、研课、磨课"的方式,建立实施农村教师"学生放学、教师研究"制度,实行"周周有优质课堂下乡、天天有远程优质课堂链接"全覆盖,以课代培,实现农村学校课堂的教育思想、教学水平与城市优质教育同步。

其次,注重均衡发展机制建设,以优质学校"反哺"农村薄弱学校。辖区内的所有优质学校以"托管""捆绑"等形式帮扶农村薄弱学校,实行优质学校校长同时兼任被"托管"学校的法人代表的模式,把优质学校的教育品牌、先进文化、办学理念、高效管理模式移植到薄弱学校,使薄弱学校在较短时间内实现办学质量和效益的飞速提升。

再次,实行"城镇一体"办学模式。将镇中心校与其辖区内的村小统筹起来发展,实行"两个或多个法人单位、一个法人代表、一套领导班子"的管理,消除中心校和村小的隔离,形成同步协调发展的"教育共同体",实现义务教育"一盘棋"发展格局。

三、北碚区优质教育集团化办学结硕果

"集团化办学"是一种为实现区域内学校整体优质教育资源发展共享最大化,通过建立集团学校优质、均衡、特色发展共同体愿景,深度挖掘历史悠久名校的文化、管理、师资等优质资源,积极培育集团各学校优势特色生长点,促使集团内所有学校办学整体水平获得迅速提升的办学模式改革尝试。为实现北碚区内优质、均衡、共享的基础教育,北碚区教委开展了区域内优质教育集团化办学的系统性改革,进一步深化从办学体制到运行机制改革的现代学校制度探索。

1.北碚区"集团化办学"牵头幼儿园

北碚区以城市优质幼儿园为核心,组建联盟型教育集团。在联盟内通过整合同化的方法实现优质教育资源的最

大化;通过差异驱动,以名园带动潜力园,实现优质教育的平民化,在集团内打破制约幼儿园发展的体制机制壁垒,力求教育资源配置的最优化、教育效果的最大化,提高优质学前教育资源总量,加快实现区域城乡教育的协调、均衡、优质发展。联盟型教育集团以片区优质教育资源为依托,采取"1+X"的组建方式,具体为"优质幼儿园+潜力幼儿园",即"名园+新园""名园+弱园""名园+民园(民办园)""名园+村园(乡村园)"等模式,每个联盟以1所优质幼儿园为牵头园,集聚X所潜力幼儿园为成员园。北碚区现有五大幼教联盟集团,分别是:北碚朝阳幼儿园教育联盟集团、北碚实验幼儿园教育联盟集团、西南大学实验幼儿园教育联盟集团、缙云幼儿园联盟集团、北碚天生幼儿园教育联盟集团。

2.北碚区"集团化办学"牵头小学校

作为全国义务教育发展基本均衡区,北碚区坚持党对教育工作的领导,通过集团化办学,改革教学方式,"双减"提质增效,输出优质教育理念和教学资源等举措,持续拓展优质教育资源,推进教育优质均衡发展,让教育更加公平、优质。遵循"管理互通、师资共享、研训联动、质量同进、文化共建"的工作思路,北碚区教委根据区域内小学的办学及资源情况,按照紧密型、捆绑型和联盟型等方式将所有小学划分为朝阳小学教育集团、西南大学附属小学教育集团、中山路小学教育集团、人民路小学教育集团、实验小学教育集团五大教育集团。通过优质学校的辐射、示范和带动,不断扩大优质教育资源覆盖面,教育质量稳步提升,区内学子不仅"有学上",还能"上好学"。

3.北碚区"集团化办学"牵头高中学校

北碚区历来重视高中教育的优质均衡化发展,历经"研修同体—捆绑帮扶—集团化办学"的发展历程。2001年开始建立"联片教研、教研帮扶"制度,高中优质学校带领一般学校共同开展教学研修。2007年开始高中学校的捆绑帮扶。2014年建立四大高中优质教育集团,区域内9所高中全部进入集团化办学。在实践探索中,北碚区高中教育集团化办学的内在机制,从单一的研修共同体建设,到"管理、文化、研修、资源"四位一体的捆绑帮扶制度建设,发展到全面办学体制与运行机制的整体优化,北碚区高中优质教育集团的建立摆脱了"政府主导"的外控模型,建立了文化认同的内涵发展模型,其集团化办学开端于学校的核心竞争力——教师专业发展,肇始于区域教育的内在机制联动,形成了基于"文化认同,一体多元"的高中教育优质集团发展模式。

在北碚区教委统筹领导下,高中学校通过探索"紧密型教育集团、捆绑型教育集团、联盟型教育集团"三类优质教育集团建立模型,对江北中学、西南大学附中、兼善中学和朝阳中学4个高中优质教育集团办学体制进行优化,政府委托4所优质高中学校对区域内其他6所高中学校实行一体化管理,实现了区域内高中教育优质教育集团化全覆盖。

四、中等职业技术教育：技能中国做引领，德艺双馨育工匠

时光荏苒，岁月的丰碑记载着北碚中等职业教育发展的风雨历程。回望过去，北碚中等职业教育勇敢地肩负着"技能强国、职教兴邦"的时代大任，源源不断地为国家经济社会发展培养着"德技双馨、身心双健"的技能人才，并在一次次时代变迁中实现着自身的蜕变与发展，为国家中等职业教育事业的建设凝练着引领业界的"北碚职教经验"、探索着别具一格的"北碚职教模式"，铸就着声名远播的"北碚职教品牌"。

从2012年起，北碚区中等职业技术学校的招生数、毕业生数、教职工数等均呈逐年递增状态。中等职业教育办学条件日益改善、教育资源日益丰富、专业设置日益健全、育人模式日益完善。整体发展态势良好，办学成效逐渐显现。

专业设置日益健全。截至2021年，北碚区有中职专业93个，较上年减少2个，对接支柱产业32个，较上年增加1个，新增招生专业6个，调整招生专业2个。种类多样、涉及面广且贴合生产生活实际以及市场人才需求的专业设置提高了北碚中等职业教育的社会认可度与就学吸引力，也畅通了学生上学、就业之路。

育人模式日益完善。职业教育即就业教育，就业即民生之本。北碚中等职业教育积极响应国家"大力发展以服务为宗旨、以就业为导向的职业教育"的号召，大力推广"校企合

作办学"模式,旨在通过校企双方共建专业、共同教学、共同管理、联合培养、合作育人的办学方式,有效解决企业用人积极性不高、学校人才培养适应性不足以及缺少实训平台等问题,以建立健全"企业满意、学校放心、校企双赢"的新机制。

以四川仪表工业学校为例,该校通过"引企入校""产教融合""工学结合""顶岗实习""集团化办学""订单培养""实训操练""现代学徒人才培养"等多种模式,逐步建立起良好的校企合作办学机制与职场化育人平台,构建起"5421"("5"是指五个共同,即共同制订人才培养方案、共同制订课程标准、共同编写教材、共同评价管理、共建师资队伍;"4"是指四维对接,即招生对接招工、课程对接岗位、实习对接生产、企业文化对接校园文化;"2"是指建设两个实训基地——校内实训基地、校外实训基地;"1"是指一校多企的合作形式)特色育人工程,以实现校企多元对接最大化。

截至2022年,北碚区共有6所(公办5所、民办1所)中等职业教育学校。其中,区教委主管国家中等职业教育改革发展示范学校暨国家重点中职学校1所(重庆市北碚职业教育中心);重庆市经济和信息化管理委员会主管市级中等职业教育改革发展示范学校暨国家级重点中等职业学校2所(重庆市轻工业学校、四川仪表工业学校);重庆市人力资源和社会保障局主管重庆市达标中等职业学校1所(中国人民解放军总参谋部通信部直属工厂职业技术学校);重庆市煤炭监督管理局主管重庆市达标中等职业学校1所(重庆市矿业工程学校);重庆市发展改革委员会主管民办达标中职学校

1所(重庆市新华技工学校)。以下简介其中3所。

1.勉仁弘业的国家级重点中等职业学校——重庆市北碚职业教育中心

历史的脚步清晰凝重,文明的传承绵延不息。重庆市北碚职业教育中心在北碚中等职业学校办学中独具特色。自建校以来,重庆市北碚职业教育中心先后经历了学校前身迁移、合并、更名等诸多变化。

其前身是著名爱国教育家梁漱溟先生于1940年创办的勉仁中学,后改建为重庆市勉仁职业中学。为充分整合教育资源,重庆市勉仁职业中学与重庆市北碚电子职业中学、重庆市朝阳高级职业中学、四川仪表工业学校、重庆市梅花山中学等学校,于2003年共同组建为重庆市勉仁职业教育中心,后于2006年再次更名为重庆市北碚职业教育中心,稳定发展至今。

重庆市北碚职业教育中心"前身"概览

学校名称	建校/开办职业高中时间	校址	性质	开设专业
重庆市勉仁职业中学	1940年	金刚碑	公办职中	园林、食品、机电、制丝织绸、仪表仪器、办公室英语等
重庆市梅花山中学	1956年	双柏树	公办职中	蚕桑、体育、食品加工、烹饪等
重庆市北碚电子职业中学	1982年	—	公办职中	—
重庆市朝阳高级职业中学	1982年	光荣村	公办职中	幼儿职业教育、缝纫、计算机、美术、建筑、应用财会等
四川仪表工业学校	1976年	—	公办职中	

重庆市北碚职业教育中心作为重庆市北碚地区规模最大的职业院校，在"职教兴国、人才强国"时代背景下担负着培养、输出现代化技术人才的重任。学校自建校以来一直秉承梁漱溟先生"以勉嗜学于教育，以仁为人于兴国"思想精髓，以"特立西南，全国示范"为办学目标，以内涵建设为抓手，以服务地方经济转型为己任，注重特色建设，积极构建现代职业教育体系，以期为国家与社会培养具有专业技能和大国工匠精神的创新型人才。

重庆市北碚职业教育中心学校大门

学校延承了"勉仁书院"的文脉，构建以"勉仁"为主题的特色校园文化体系，形成了鲜明的"勉仁"文化教育特色。所谓"勉仁"，即以仁爱之心，勉人勉己，修身、慧智、怡情、果意和恒行。"勉人弘业"，即勉者常进，方能使人成才，勉以弘业，方能立于人世。

重庆市北碚职业教育中心自建校以来,一直秉承梁漱溟先生"锲而不舍、精义入神""仁以立志、奋勉求学"的育人精神,本着"为学生发展构建广阔空间"的办学理念,引领着北碚中等职业教育的进步与发展,助力北碚成为西部职业人才培养的重要基地。

2.重庆唯一具有轻工行业特色的国家级重点中职学校——重庆市轻工业学校

六十余年漫漫兼程,一路风雨一路行。在历史的长河里,一所学校的发展不过是一朵翻涌的浪花,但对每一位学子而言,却是一部恢宏的奋斗史。正如重庆市轻工业学校校赋所说:"建校六十年,鲲鹏抟风,看云舒云卷,岁月峥嵘。风雨六十载,凤凰涅槃,望星落星启,校史璀璨。"六十余年来,重庆市轻工业学校经历多次合校、迁址新建,薪火相传、自强不息,勇于改革、不断创新,建设成重庆地区唯一具有轻工行业特色的国家级重点中职学校,走出了一条特色发展之路。

重庆市轻工业学校校区规划图

甲子回眸，岁月峥嵘。重庆市轻工业学校始建于1960年，校址设在重庆市江北区石门。囿于历史，重庆市轻工业学校曾两次停办又两次涅槃重生；先后三易校名、五迁校址，但始终勤耕不辍、育人不止，薪火相传、坚持发展。经上级批准，2002年10月，原重庆市轻工业学校、第二轻工业学校和轻工业技工学校携手重组了新的重庆市轻工业学校。校址以重庆市第二轻工业学校为依托，设在北碚童家溪。从此，重庆市轻工业学校步入全面健康发展期。2018年10月，原重庆建材技工学校并入重庆市轻工业学校，共擘职教发展新蓝图。

原"重庆市轻工业学校"旧址（江北区石门）

原"重庆市第二轻工业学校"旧址（巴南区土桥）

原"重庆市轻工业技工学校"旧址

原"重庆建材技工学校"旧址

大道至简，实干为要。建校以来，重庆市轻工业学校坚持贯彻落实立德树人根本任务,秉持"说实话、做实事、求实效"的学校精神。紧密联系时代背景,开展过脱产、不脱产、半脱产、业余、半工半读、全日制等多种办学形式。以服务社会经济发展为目标,先后开设过皮革、硅酸盐、食品、财会、工艺美术、模具、电工电子、数控技术、机电一体化、智能制造、物联网、工业设计等诸多专业。以就业为导向,不断推进产教融合校企合作,早期与重庆市纺配厂、裕华纱厂、川威制革厂、瓷厂、印制厂等开展过联合办学,如今与中国联通、京东、轨道交通(集团)、长安汽车等世界500强企业开展产教融合,先后培养了数以万计的高素质技术技能人才,为社会主义经济建设发展做出了突出贡献。

20世纪70年代重庆市轻工业学校学生生产实习影像

重庆市轻工业半工半读中等技术学校(更名前)学生毕业留影

六秩薪火,弦歌逐梦。今天的重庆市轻工业学校,已发展成为重庆地区唯一具有轻工行业特色的公办国家级重点中职学校,直属重庆市经济和信息化委员会领导,系重庆市首批中职教育改革发展示范学校、中职教育"双优"项目建设学校、重庆市中职学校校园文化特色学校、重庆市文明单位。学校牵头成立了重庆工业设计职业教育集团、重庆市工业设计产业学院、重庆市中职教师实践培训基地、重庆市创意产业基地、重庆市中职学校众创空间、高水平专业化产教融合实训基地、重庆市第三批市级社会培训评价组织。开设了模具制造技术、新能源汽车技术、食品监测、服装设计、老年服务与管理、制冷和空调设备运行与维修、工艺美术设计等市示范或骨干特色专业。培养了一大批全国职业教育杰出教师、重庆市优秀教育工作者、重庆英才·技术技能领军人才、全国技术能手、全市技术能手、市三八红旗手、市级技能大师、巴渝青年技能之星等优秀师资队伍。六十余年来,重庆市轻工业学校办学成果显著、文化底蕴深厚、创新氛围浓郁,为助推重庆职业教育持续高质量发展做出了一定的贡献。

创建示范性职教集团,为"设计之都"作人才支撑。重庆工业设计职业教育集团经重庆市教育委员会批准成立,在重庆市经济和信息化委员会直接领导下,由重庆市轻工业学校牵头,联合工业设计相关职业院校、行业企业、科研院所、社会组织等80余家单位,按照"平等、自愿、互惠、互利、合作、共赢"的原则,组建非营利性质的工业设计职业教育产学研联合体。重庆工业设计职业教育集团主要包含重庆市工业设计产业学院、技能大师工作室、工业设计发展中心和工业设计产教融合孵化园四大功能区，于2013年1月被重庆市教委认定为示范性职教集团。

3. 西部仪器仪表行业人才培养高地——四川仪表工业学校

四川仪表工业学校办公楼

作为拥有"国家级中等职业学校""重庆市首批中等职业教育改革发展示范学校""全国机械行业骨干职业院校"等多张"金字招牌"的西部仪器仪表行业培养高地，四川仪表工业学校在近半个世纪的办学历程中始终坚持"以服务发展为宗旨、以促进就业为导向"的办学思路，为国家仪器仪表行业和重庆市经济建设培养输送了数以万计的技术技能人才。

仪表材料研究所实验车间　　　　20世纪70年代仪表厂工作场地

四川仪表工业学校创建于1976年,地处重庆市北碚区缙云山国家级风景区、嘉陵山麓、北温泉畔三花石松林坡65号,是西南地区唯一一所以工业自动化、仪器仪表为特色的公办国家级重点中职学校。其前身是四川仪表总厂技工学校,隶属于原四川省机械工业局,由四川仪表总厂代管。1978年,四川仪表总厂在原劲松仪表厂厂址兴建四川仪表工业学校,同年,学校从团山堡迁至现校址。1983年,两校一同下放由重庆市管理,1994年起由市经委主管(现重庆市经济和信息化委员会)至今。2010年学校被教育部认定为国家级重点中等职业学校。2021年学校被评为"2021年优质中职学校和优质专业建设"单位。

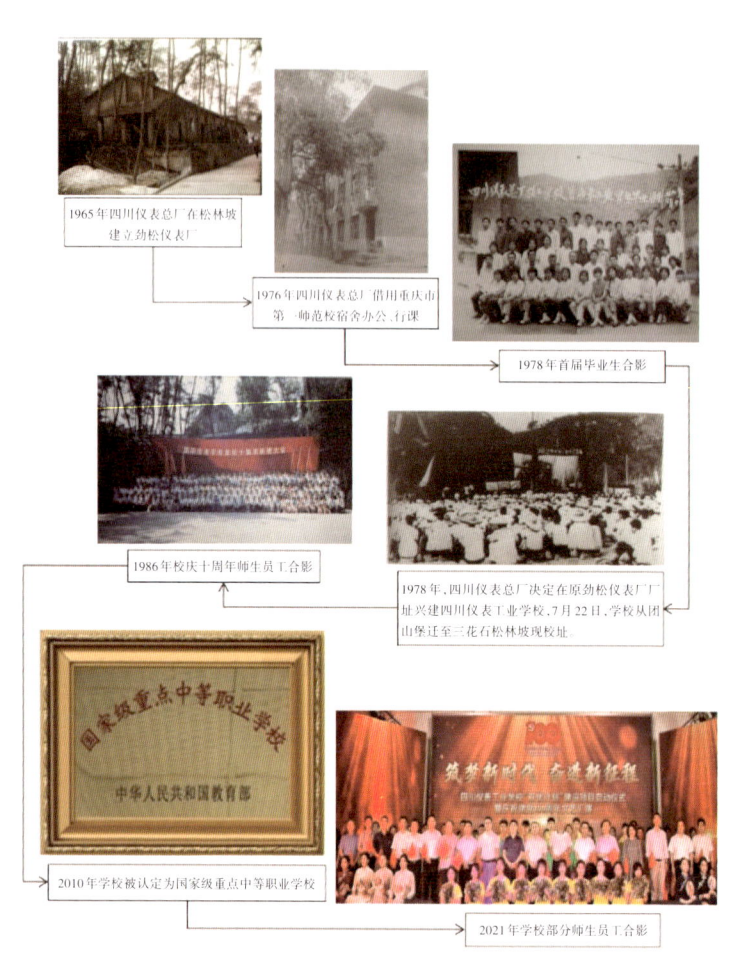

1965年四川仪表总厂在松林坡建立劲松仪表厂

1976年四川仪表总厂借用重庆市第一师范校宿舍办公、上课

1978年首届毕业生合影

1986年校庆十周年师生员工合影

1978年，四川仪表总厂决定在原劲松仪表厂厂址兴建四川仪表工业学校，7月22日，学校从团山堡迁至三花石松林坡现校址

2010年学校被认定为国家级重点中等职业学校

2021年学校部分师生员工合影

四川仪表工业学校历史沿革图

一直以来，四川仪表工业学校始终秉持"仪以立校、臻以树人、表里俱实、德技双馨"的办学理念，坚持育人为本、德育为先，全面实施素质教育。全方位打造"仪"文化校园环境，激活学生"工匠潜能"，着力培养学生"仪表"意识，塑造"仪表"形象，臻于"表里俱实"境界，使学生在"仪"文化中熏

陶"工匠精神"。扎实推进人才培养模式和课程体系的改革创新，优化专业结构、深化教学改革，加强国际职业教育文化交流与合作，形成多层次、多渠道办学格局，"为学生构建可持续发展'立交桥'，努力让每个人都有人生出彩的机会"。

四川仪表工业学校坚持扎根中国大地办教育，主动适应重庆及周边省市经济社会发展和行业企业用人需要，深化校企合作、产教融合。建构"一核多元现代学徒制"，扎实推动工学结合、顶岗实习、"订单式"、"双元制"培养等现代育人新模式落实落地。牵头组建重庆工业化自动化职业教育集团，参与全国先进制造业职教集团、全国机械行业服务先进制造高水平职业院校建设联盟，承办"巴渝工匠杯"2021重庆市首届服务机器人应用与开发技能竞赛等。由此形成了工业自动化仪表专业群格局，打响了自动工业化职业教育品牌，让越来越多的家长和求学者慕名而来，同时也为中职教育发展提供了值得借鉴的改革范本。

一所好的职业院校，不仅是培养高素质技能人才的摇篮，更是人才、技术、资源的高地，肩负着社会服务职能。除了做好育人的本职工作，四川仪表工业学校还全面响应国家发展需求，结合学校自身实际，大力开展精准扶贫、对口帮扶、服务抗疫、老年教育等社会服务工作，把职业素质与职业精神培育贯穿服务区域经济发展全方位、人才培养全过程，产生了良好的社会效益和经济效益。

2021年以来，四川仪表工业学校获批国家级技能大师工作室1个、市级首席技能大师工作室1个，第46届世界技能大赛工业控制、工业4.0赛项中国集训基地，国家级高技能人才培训基地、国家级职业教育教师教学创新团队建设单位，重庆市高技能人才培训基地、重庆市老年教育特色院校等。教学方面，获全国机械行业教学成果奖2项、重庆市教学成果奖5项，牵头完成教育部中职新增《工业机器人技术应用专业教学标准》、全国机械行业重点课题《中职自动化类专业目录修订》等等，四川仪表工业学校必将在师资培养和教育改革之路上取得更新更大的突破。

北碚中等职业教育的日益进步，为大力弘扬以"工匠精神"为核心的劳模精神、职业精神奉献了力量，为激励更多劳动者特别是青年一代走上技能成才、技能报国之路做出了贡献，也为推动我国经济社会发展培养造就了一大批实用型、技能型与专业型人才。

五、高等教育：为党为国育人才，北碚高等教育迈上新征程

1. 西南大学

2017年，西南大学成为国家首批"双一流"建设高校，生物学学科被列入"双一流"建设学科名单；2022年，西南大学教育学学科进入新一轮"双一流"建设学科名单。进入新时代以来，西南大学在学科发展、人才培养、科学研究、社会服务、国际交流等方面有了飞跃式的发展，在立德树人根本理念的指导下，全面提高人才培养质量，深化综合改革，加强教育治理，为党为国培育高素质人才，助力区域社会发展。

在党的二十大召开后,更是全力推进师范教育和农业教育,为支持乡村振兴、推进共同富裕工作做出贡献。

西南大学教育学部召开2022年度国家社科基金重大项目及教育部哲学社会科学研究重大课题攻关项目开题报告会

在学科建设上,当前西南大学已建成包含哲、经、法、教、文、史、理、工、农、医、管、艺等12个门类在内的学科体系,出台了"新工科""新农科""新文科""新师范"四个专业建设的计划、方案,参与教育部研究与改革实践项目12项。学校注重连续性、高质量的人才培养,目前已有3个国家重点学科、2个国家重点(培育)学科,29个一级学科博士学位授予点、50个一级学科硕士学位授予点、2种专业博士学位、27种专业硕士学位,以及27个博士后科研流动站(工作站),102个本科专业分布于46个教学单位中,其中有国家级一流本科专业建设点62个、重庆市一流本科专业建设点81个。[1]在课程建设上,已经建成了100门课程思政重点课程、500门专业核心课程,44门国家级一流课程和263门省级一流课程,全面修订了6000门课程大纲,在线上和线下为学生提供了丰富多样的教学资源。

此外,为响应国家对拔尖创新人才培养的号召,学校创新建设了"1+2+N"拔尖创新人才培养体系、"3+1+2"创新人才培养项目以及心理学、化学、历史学省级拔尖创新人才培养基地。在多方协同努力下,学校的教学工作取得突出成效,获2021年省级教学成果奖特等奖2项、一等奖6项、二等奖5项、三等奖3项。教育学部申报的教育教学项目荣获2022年高等教育(本科)国家级教学成果奖一等奖。由此展现了学校人才培养工作和教育教学改革工作所取得的显著成效。

国家级教学成果奖证书

---

[1] 数据截至2023-06-06。

作为地处重庆的"双一流"建设高校,学校始终聚焦引育高水平人力资源,持续推动构建以师育才、以才育才的新局面,实施重点人才引进、后备人才补充、著名学者聘用和讲座教授延揽四大计划,成立西南大学学科教育联盟,打造了一支由杰出人才、拔尖领军人才、骨干创新人才构成的高质量人才队伍,为学校教育质量的提升提供了有力支持。

近年来,成渝双城经济圈建设和西部科学城建设对高校科研反哺社会的诉求提升,西南大学抓住机遇,积极融入其中。2021年8月,西南大学科学中心正式签约落户西部(重庆)科学城北碚园区,服务国家战略需求和地方经济社会发展,助力人才引聚和科研创新,并迅速开展西南大学科学中心示范工程项目建设,首期示范工程入驻项目以新一代信息技术、大健康等产业为主,将建设类脑芯片及智能装备科技创新中心、西南大学心理健康大数据中心、智慧生态物联网研发中心等3个示范工程项目。

教师教育和农业教育是学校的传统优势专业,同时也是学校以教育成果支持乡村发展的两大主力。一方面,学校构建了"333"农科人才培养新模式,积极服务国家乡村振兴战略,开展校地合作、定点扶贫和对口支援工作,成立新农村发展研究院、乡村振兴战略研究院、统筹城乡教育发展研究中心等专门研究平台为乡村发展提供智力支持。近年来,与重庆、四川、云南、贵州等省市的82个地、市、县建立校地战略合作关系,积极服务成渝乡村振兴和现代高效特色农业带建设,围绕产业链、完善技术链、提升价值链,为农村经济转型升级和农村治理科学有序做出贡献。另一方面,学校创设了师范生五级进阶发展路径,坚持价值引领、道德涵养和实践浸透,夯实师范生的从教信念,引导师范生走到最需要的地方去。

在学校开展农业科技研究反哺乡村发展的过程中,中国杂交水稻育种专家,中国研究与发展杂交水稻的开创者,曾荣获国家最高科学技术奖、国家科学技术进步特等奖和"共和国勋章"的"杂交水稻之父"袁隆平院士对此表示了关切并提出希冀。2012年,农学与生物科技学院的"隆平"实验班开始招生,作为学校特聘博士生导师,袁隆平院士持续关注实验班学生的培养和农学研究,支持北碚区乃至重庆市农业农村发展的工作,多次到学校进行现场指导。

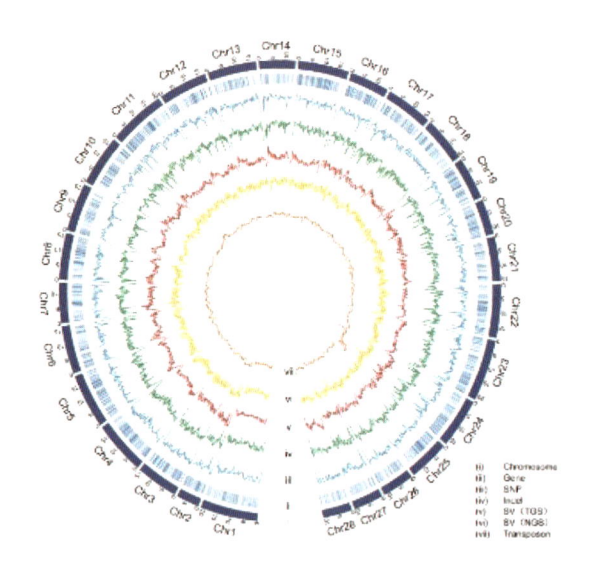

2022年,西南大学家蚕基因组生物学国家重点实验室发布世界首张家蚕超级泛基因组图谱,是继学校向仲怀院士

团队完成世界第一个家蚕基因组框架图以来的又一突破性成果,为助力蚕桑产业转型和相关科学研究提供了重要支持。

学校积极推进国际化进程,同世界各国的知名院校开展学术交流、学生和教师互访工作。迄今已与美、加、泰、日等40余个国家和地区的200余所高校、科研机构建立长期友好合作关系,建有1个中外合作办学非独立法人机构、6个中外合作办学本科项目、13个国际联合科研实验室、7个海外汉语国际推广机构、1个境外办学平台及1个境外办学项目。多样化的中外合作及交流模式为西大学子提供了学习的国际平台,助力打造留学重庆品牌。

从学校"十四五"发展规划来看,学校提出了深入实施"六大战略"、开展"五大行动",深化"三项改革"和推进"三项工程"的举措。持续着重提升人才培养质量、加强师资队伍建设和学科专业建设,在科研创新上力争新突破,提高社会服务效能并促成国际交流合作新格局的形成。在"十四五"期间达成人才培养质量提升新水平、师资队伍建设取得新成效、学科专业建设取得新进展、科研创新能力和水平取得新突破、社会服务效能得到新提升、民生条件得到新改善和国际交流合作形成新格局的目标,并且,力争到2035年建成高水平研究型大学,3至5个学科进入世界一流学科行列。高质量的教育成果为西部高等教育发展和区域振兴做出贡献。

2.重庆师范大学初等教育学院

重庆师范大学初等教育学院位于重庆市北碚区城北新区,办学源于1906年创立的官立川东师范学堂。前身是川东师范学堂、四川省立第二女子师范学校、重庆市立师范学校、重庆市第一师范学校,2003年并入重庆师范大学,更名为重庆师范大学初等教育学院。学院有着悠久的办学历史和光荣的革命传统。

2013年7月,学院开始在重庆市招收首批小学全科教师学员,为重庆市农村小学培养高素质的小学教师。先后与重庆市24个区县教委合作组建了重庆市首个"UGIS"小学全科教师人才培养联盟,在全市建立了53个实践教育基地,探索校地合作的小学全科教师培养模式。学院先后承办了"国培计划"和市级教师培训、拓展培训共80余项,培训教师达到6150人左右,培训质量名列重庆乃至全国同类学科培训前茅,形成了小学教师教育职前职后一体化的教师教育体系。

重庆师范大学初等教育学院拥有重庆市一流专业、重庆市特色专业"小学教育",建构了分科小学教师培养和全科小学教师培养模式。分科小学教师培养方面,设置语文、数学、英语三个方向,为主城区培养小学教师;全科小学教师培养方面,立足为重庆乡村培养优秀小学教师,建构了"1+1+N"的小学全科教师人才培养模式。学校的科学教育专业是全国第一个科学教育本科专业,现为国家一流专业,该专业是适应新一轮基础教育课程改革中设置综合性小学科学课程的师资需求创办的,解决了我国长期以来小学科学课程无专业化师资的问题。学校书法学(师范)专业设立于2017年,是重庆市唯一的师范类书法学专业，主要培养中小学书法教师以及从事书法文化传播和书法艺术创作的工作者。

面对新的发展形势，学院抓内涵、促发展，立足重庆，面向西部，以创新小学教师卓越人才培养模式为特色，以儿童发展与教师教育研究中心为科研创新平台，以人为本、改革创新，小学教育、科学教育、书法学教育协调发展，创特色、树品牌、求卓越，努力把学院建设成为结构合理、特色鲜明、在市内领先、西部前列、在全国有重要影响的小学教师教育基地。学院先后与印度尼西亚智星大学、卢旺达首都基加利等合作，设立国际汉语教育机构，承接国际汉语教育项目，建立国际汉语教育形成特色体系，谱写国际汉语教育新的篇章。积极与企业开展校企合作、跨区域与教育行政部门、高校建立多方位合作体系。2021年4月14日，学院与南岸区珊瑚实验小学教育集团、南坪实验小学教育集团共建科技教育创新实践基地签约授牌仪式隆重举行；2021年5月28日，学院与北京时代天华教育科技有限公司针对义务教育阶段的科学教育、创新教育等领域开展广泛深度合作，共建"科学教育协同育人中心"。

百年励精图治，百年兴教巴渝，形成了优良的教育传统。学院先后被评为四川省"青少年科技活动先进集体"、四川省"推普先进学校"、四川省"语言文字工作先进集体"、四川省"教育工会先进集体"、四川省"书法教育先进学校"、"重庆市文明示范学校"。学院一直保持重庆市"文明单位"、重庆市"园林式单位"等称号。

3. 中国科学院大学重庆学院

2018年4月,中国科学院与重庆市人民政府签署共建新型科教创产融合发展联合体战略合作协议,双方携手共建集科研、教育和社会服务"三位一体"的中国科学院大学重庆学院。

中国科学院大学重庆学院校门

中国科学院大学重庆学院以"博学笃志、格物明德"为办学理念,以国家战略需求为指引,始终秉承中国科学院的育人传统,以培养有家国情怀、人文修养和创新活跃的优秀人才为己任,利用科教融合平台,坚持在高水平科研实践中培养德才兼备的科技创新人才,按照小规模、有特色的方向发展,以培养硕士研究生和博士研究生为主。除接收培养中国科学院大学研究生外,中国科学院大学重庆学院还与重庆大学、重庆邮电大学、重庆理工大学、重庆交通大学、重庆医科大学联合培养研究生,同时接收国内各高校客座研究生。研究生培养实行"两段式1+N"教学模式:硕士生第一年在中国科学院大学北京雁栖湖校区、博士生第一年在中国科学院成都教育基地进行集中教学,主要完成公共课、专业核心课的学习;第二年回到中国科学院大学重庆学院进行科研教学,完成专业课学习及开展学位论文研究。

此外,中国科学院大学重庆学院还与友邻高校联合开展"菁英班"本科生科研实践,在2019年与重庆邮电大学签订共建"计算机科学与技术菁英班"、与重庆交通大学签订共建"材料物理菁英班"、与重庆理工大学签订共建"智能制造菁英班"合作协议。

中国科学院大学重庆学院校园景色

中国科学院大学重庆学院下设人工智能学院、汽车软件学院、材料科学与工程学院、智能制造学院、资源与环境学院、临床医学院、生命科学学院、能源学院、艺术与科学学院、继续教育学院等10个二级学院。同时设立思政教研室，加强学生思想政治教育。

中国科学院大学重庆学院依托中国科学院重庆绿色智能技术研究院进行学科与学位点建设，学术学位研究生培养覆盖了理学、工学2个学科门类的4个博士一级学科、5个硕士一级学科；专业学位研究生培养覆盖了电子信息、材料与化工、资源与环境3个专业学位类别，建立了多元化的硕士—博士人才培养体系。其中，一级学科硕/博士点包括计算机科学与技术、材料科学与工程、光学工程、环境科学与工程，一级学科硕士点包括生态学；专业学位硕士点包括材料与化工、电子信息、资源与环境。在重庆市的大力支持下，中国科学院大学重庆学院先后获批4个市级重点学科和3个市级"人工智能+学科群"支持。4个市级重点学科包括计算机科学与技术、材料科学与工程、光学工程、环境科学与工程，3个市级"人工智能+学科群"包括人工智能+绿智新材、人工智能+智能光电、人工智能+智慧流域。

作为一所新型学校，中国科学院大学重庆学院按照培养全面发展的社会主义建设者和接班人的方向扬帆起航。

4.重庆市青年职业技术学院

重庆市青年职业技术学院创建于1954年，其前身是重庆市团校。2016年8月，根据中央群团改革要求，重庆市青年职业技术学院由团市委划转市教委主管；2019年5月，经市教委同意，重庆市青年职业技术学院与重庆教育管理学校开展深度合作办学；2022年3月，经市政府批准、市教委同意，重庆市青年职业技术学院与重庆教育管理学校实行全面深度融合一体化管理办学模式，重庆市青年职业技术学院办学主体从北碚区搬迁至巴南区。重庆市青年职业技术学院为重庆市优质高等职业院校、重庆市高水平专业群建设单位、重庆市文明单位，承接重庆文化产业孵化基地、重庆文化产业人才培养基地、重庆文化旅游乡村振兴培训基地、重庆中华职教社乡村振兴实验学院等的社会服务职能。

重庆青年管理干部学院成立大会

重庆市青年职业技术学院现有巴南、北碚两个校区，巴南校区坐落于重庆高职城，北碚校区坐落于西部（重庆）科学城北碚歇马拓展园。设有学前教育学院、经济管理学院、健康医学院、人工智能学院、航空与汽车学院、马克思主义学院、通识教育学院等二级教学单位，已初步建成七大专业群，共有学前教育、早期教育、护理、康复治疗技术、物联网、大数据技术、跨境电商、现代物流管理、新能源汽车技术、空乘等招生专业32个。

重庆市青年职业技术学院始终坚持走立德树人、特色育人之路。认真贯彻落实党的教育方针，坚持用习近平新时代中国特色社会主义思想铸魂育人，全面落实立德树人根本任务，不断推进"三全育人"改革，健全"十大育人"工作体系，大力弘扬中华优秀传统文化、革命文化和社会主义先进文化，培育品牌特色项目6个，其中红色VR项目、艺术展演等特色活动得到了市级单位和主流媒体的认可、采用、传播，各平台点击阅读量共达5000万次。以川渝地区红色旅游资源为核心，通过虚拟仿真技术，充分挖掘和利用红色资源，打造"5G+3D+VR"红色旅游教育资源平台，有效推动了课程思政和思政课程虚拟仿真教学实训。开展"党旗领航中国梦，国旗映耀新时代"主题教育、集中观看爱国影片、"学宪法讲宪法"活动、"心理健康月"活动等校园文化活动14项，学生荣获各级各类奖项500余项，毕业生就业率一直保持在95%以上。

进入新时代以来，重庆市青年职业技术学院始终坚持走产教融合、校企合作之路。积极探索产教融合发展新路径，努力构建新型校企合作新模式，不断优化素质技能协同育人新格局。探索组建具有混合所有制特征的二级产业（企业）学院，先后与华龙网、博淮实业、华夏航空、本酷科技等企业合作共建了华龙网学院、健康医学院、航空学院、电商学院等二级企业（产业）学院，推动校企协同共育人才培养。依托渝北区仙桃大数据谷,联合相关龙头企业,共同推进重庆临空经济产教融合总部基地建设,规划布局5个功能性项目,优化完善政校企协同创新机制。以新业态、新技术、新标准为准绳,加快推动"三教改革",开发校企合作双元教材;建成国家级骨干专业1个、市级骨干专业2个;深入推广"1+X"证书试点制度,遴选并完成"物联网智能终端开发与设计(中级)"等7个试点证书的教学、培训和考评工作,学生考证通过率超80%;建设完成市级双基地项目2个,获得市级教学成果奖2项、建设完成市级教学资源库3个、立项验收市级教改项目30余项,建成市级精品在线开放课程7门。近年来,学生参加技能大赛获国家级奖项3项,省部级奖项50余项,人才培养成效显著,质量工程建设成效凸显。

六、成人继续教育:建成终身教育立交桥,学习型社会慧全民

党的十八大以来,重庆市北碚区的社区教育、老年教育以及场馆教育取得了史无前例的跨越式进步,各种非正式的成人教育更加贴近市民学习和发展需求,在满足人民群众日益增长的精神文化需求方面发挥了越来越重要的作用。尤其是多样化社区教育"方兴未艾"。社区教育是在总结学校教育、家庭教育和社会教育办学经验的基础上,面向社区所有成员进行的各种各类的教育活动,也是构建终身教育体系的重要途径。社区教育充分利用与整合社区内的各种教育

资源,具有很强的灵活性与适应性,能够有效实现学校教育、家庭教育和社会教育的一体化,强调通过教育的力量促进社区群众自觉参与社区政治、经济和文化发展的全过程。

1. 缙云文化大课堂

缙云文化大讲堂是北碚区精心打造的一个公益性文化服务品牌,由区委宣传部、区文化旅游委主办,北碚图书馆承办。缙云文化大讲堂秉承"北碚之父"卢作孚先生"广教育、开民智"的理念,于2012年5月推出第一期,坚持每周举办,至2022年7月已在主场地举办200期,还在区内街镇、村(社区)、学校、驻地部队等分场地举办流动讲堂,总计372场。多年来,站在缙云文化大讲堂讲台上的有全国自驾重走长征路旅行写生第一人刘增宪,有重庆本土著名诗人李海洲,还有黄亚洲、王雨、吴景娅、郭久麟等诸多知名作家、知名人士,以及文化底蕴深厚,了解百姓生活,具有真才实学的在校教授、讲师和本地草根学者。据北碚图书馆相关负责人介绍,近年来,北碚图书馆达成了与西南大学、区知联会、北碚作家协会等的合作意向。2013年,加入由重庆市图书馆主导的"讲座展览联盟";2014年,缙云文化大讲堂成为区委宣传部"梦想课堂"的主要基地之一;2015年,又与区知联会合作,创办了"同心知联·民生讲坛"系列讲座;2016年,与区科协科普大学实现资源共享;2019年,缙云文化大讲堂荣获"重庆市终身学习活动品牌",形成了北碚区独特的思想文化品牌。

2.兼善文化课堂

2014年,北碚区在创建国家公共文化服务体系示范区过程中,决定充分发动社会力量参与公共文化建设,遂与西南大学、重庆市中华职教社联合创办了文化志愿服务项目——兼善文化课堂。2014年下半年,在西南大学退休教授周鸣鸣等的精心策划下,第一块"兼善文化课堂"的牌子,在北碚区龙凤桥街道龙车村挂出。随后,其在蔡家岗的两江名居社区、巴渝农耕文化博物馆、金刀峡镇胜天湖村、东阳街道天府民居社区等地相继开课。兼善文化课堂创造性地提出了以社会主义核心价值观为引领,以"政府主导、社区主体、志愿者参与""课程、社团、社会实践"三位一体志愿者服务模式。经过多年实践,产生了广泛的社会影响,"兼善文化课堂"荣获中国成人教育协会颁发的2017年"终身学习品牌项目"称号。

七、校地深度合作:产学研教融合新机制,成渝双城合作领示范

作为中国经济的四大引擎之一,地处"一带一路"与长江经济带联结点的成渝地区,在中国区域发展格局中一直举足轻重。2020年1月,习近平总书记在中央财经委员会第六次会议上发表重要讲话。该讲话首次提出了自西部大开发以来,继"成渝两大都市""双核城市群""成渝城市群"等提法的又一创新概念,即"成渝地区双城经济圈",并将其定位为

"西部高质量发展的重要增长极"。对成渝两地来讲,新概念的提出既是重大发展机遇,也是责任挑战。其目的是通过"促进创新要素自由流动、营造完善的创新创业生态,加强资源整合,构筑区域协同创新体系"等举措,更好发挥成渝两大国家级中心城市示范引领与辐射带动作用,以进一步拓展全国经济增长新空间、加快中西部地区开发建设、优化大中小城市协同发展布局。

而成渝双城经济圈的建设,则重点依托双方以"一城多园"模式("一城"指西部科学城,"多园"指两地的国家高新区、国家级和省级新区等创新资源集聚载体)合作共建的西部科学城。所谓"西部科学城",顾名思义,是指"科学"与"城市"的融合体,是产、学、研、商、居一体化发展的现代化新城,是面向未来科技、未来产业、未来生活的未来之城,是鼓励创新、开放包容、追逐梦想的梦想之城,是科学家的家、创业者的城。其肩负着强化成渝创新支撑、加深成渝科技创新合作以及构建成渝协同创新共同体的重要使命。

西部科学城之于重庆,意义重大。中梁山、缙云山东西并行,长江、嘉陵江南北合抱,"两山夹两江"形成的中心城区西部槽谷,便是西部科学城。西部科学城核心区为重庆高新区直管园,规划范围涉及北碚、沙坪坝、九龙坡、江津、璧山5个行政区的部分区域。其中,北碚作为西部科学城四大创新产业片区之一,规划面积283平方公里,涵盖中梁山以西8个镇街、歇马片区全域。其发展定位是建成西部科学城的重点产业发展区、产学研一体的大学科技园、人产城融合的绿色综合体以及宜居智慧的北碚未来城。

北碚具有两江新区、中国(重庆)自由贸易试验区、重庆高新区"三区叠加"的区位优势,也处于成渝地区双城经济圈发展主轴上,且还拥有西南大学、中国科学院大学重庆学院等高等院校4所,国家大学科技园1个,中国科学院重庆绿色智能技术研究院、重庆材料研究院等科研院所6个,市级以上各类科技研发平台94个,是全国科技进步先进区,是具有重要影响力的创新平台。新时代,北碚将进一步推进教育、科技、人才一体化的成渝双城经济圈高质量建设。